SHANGHAISHI XUEXIAO TIYU KECHENG
GAIGE PINGGU XINLUN

赵荣善　孟涛◎著

上海市学校体育课程改革评估新论

立信会计出版社
LIXIN ACCOUNTING PUBLISHING HOUSE

图书在版编目(CIP)数据

上海市学校体育课程改革评估新论 / 赵荣善,孟涛著. —上海:立信会计出版社,2022.12
ISBN 978-7-5429-7199-9

Ⅰ.①上… Ⅱ.①赵…②孟… Ⅲ.①体育教学—教学改革—研究—上海 Ⅳ.①G807.01

中国国家版本馆 CIP 数据核字(2023)第 031090 号

责任编辑　　郭　光
助理编辑　　郑文婧
美术编辑　　吴博闻

上海市学校体育课程改革评估新论

出版发行	立信会计出版社		
地　　址	上海市中山西路 2230 号	邮政编码	200235
电　　话	(021)64411389	传　　真	(021)64411325
网　　址	www.lixinaph.com	电子邮箱	lixinaph2019@126.com
网上书店	http://lixin.jd.com		http://lxkjcbs.tmall.com
经　　销	各地新华书店		
印　　刷	常熟市人民印刷有限公司		
开　　本	787 毫米×1092 毫米	1/16	
印　　张	12.75	插　　页	4
字　　数	168 千字		
版　　次	2022 年 12 月第 1 版		
印　　次	2022 年 12 月第 1 次		
书　　号	ISBN 978-7-5429-7199-9/G		
定　　价	68.00 元		

如有印订差错,请与本社联系调换

上海市学校体育课程改革评估新论
编写委员会

顾　　　问　　沈建华

主　　　编　　赵荣善　孟　涛

编写组成员　　马　瑞　李芳芳
　　　　　　　王改芳　崔　洁

前　　言

学校体育课程改革评估是体育教育体系中不可缺少的部分,是学校体育课程建设与发展中一项重大的措施,更是教育行政部门对学校体育课程改革督导与指导的有效机制和有力手段。近年来,国家在此方面出台了多份文件,如中共中央、国务院印发的《深化新时代教育评价改革总体方案》《关于全面加强和改进新时代学校体育工作的意见》都明确提出,要积极推进学校体育评价改革、完善教师绩效考核评价和健全教育督导评价体系等意见,国家已把学校体育评估这项工作在整个国民教育体系中的地位提高到了前所未有的高度。学校体育评估在教育和体育两个系统中发挥着重要的作用,已被各级教育行政部门、广大教育工作者及社会各界所关注,但通过在课程改革评估一线的调研发现,学校体育课程评估理论与实践的价值仍不够被重视。事实上,我们应该不断挖掘和释放学校体育评估更多更全的功能,应充分发挥其全部的价值,使之更好地为评估主体服务。评估领域应随着社会和个体不断发展的需求而拓展,同时更应该进一步完善学校体育课程评估在习近平新时代中国特色社会主义思想教育背景下的特殊功能,为新时代教育强国、体育强国贡献力量。基于此,本着理论为实践服务,实践丰富理论的想法,在市教委、体育局、高校、各区教育局和一些中小学校等单位领导、同仁的鼓励下,我们这些在一线从事学校体育评估工作的老师自愿汇集智慧和经验,向大家分享上海1988年以来学校体育课程改革评估的实施过程与成果,为从事该领域的老师们提供一些上海在此方面的经验,希望大家能从中得到一些益处,更希望得到大家的指点教正,以便我们进一步深钻细研,为学校体育评估领域的健康发展贡献一份力量。

在本书编写过程中,我们参考和引用了国内外有关著述,在此谨向相关作者和出版者等表示深深的感谢。此外,由于编写时间有限,本书尚有很多不足之处,恳请广大读者提出宝贵意见,以便今后修订、完善。

本书编写组

2022年12月

目　录

第一章　绪　论
第一节　学校体育课程改革评估概述 …………………… 1
第二节　学校体育课程改革评估的基本理论 …………… 2
第三节　学校体育课程改革评估的原则与价值 ………… 4

第二章　学校体育评估的流变
第一节　学校体育评估的历史沿革 ……………………… 8
第二节　上海市学校体育课程改革评估的流变 ………… 11
第三节　上海市学校体育课程改革评估的特点 ………… 14

第三章　上海市学校体育课程改革评估现状
第一节　上海市学校体育课程改革进展与评估实施 …… 17
第二节　上海市学校体育课程改革第三方评估 ………… 24

第四章　上海市学校体育课程改革第三方评估标准
第一节　上海市学校体育课程改革第三方评估标准制定的

　　　　　基本认识、目标和原则 ……………………………………… 47

　　第二节　上海市学校体育课程改革第三方评估标准的主要

　　　　　内容 …………………………………………………………… 54

　　第三节　上海市学校体育课程改革第三方评估指标体系的

　　　　　构建 …………………………………………………………… 66

第五章　第三方评估上海市学校体育课程改革的过程

　　第一节　上海市学校体育课程改革第三方评估准备阶段 …… 83

　　第二节　上海市学校体育课程改革第三方评估实施阶段 …… 88

　　第三节　上海市学校体育课程改革第三方评估反馈阶段 …… 93

第六章　第三方评估标准下的上海市学校体育课程改革成效

　　第一节　课程设置层面 ……………………………………………… 101

　　第二节　课程评价层面 ……………………………………………… 122

　　第三节　家校联动层面 ……………………………………………… 125

第七章　第三方评估标准下的上海市体育教师教学改革成效

　　第一节　教学能力层面 ……………………………………………… 133

　　第二节　教学效果层面 ……………………………………………… 142

　　第三节　特色与创新层面 …………………………………………… 156

第八章　第三方评估标准下的上海市学生体育学习成效

　　第一节　学生运动能力层面 ………………………………………… 167

　　第二节　学生健康行为层面 ………………………………………… 173

第三节　学生体育品德层面 …………………………………… 174

第九章　学校体育课程改革评估发展趋势

第一节　基于"双新"的学校体育课程改革评估 …………… 177

第二节　基于"数字化转型"的学校体育课程改革评估 ……… 180

第三节　走向未来的学校体育课程改革评估 ………………… 182

参考文献 …………………………………………………………… 190

第一章

绪 论

第一节 学校体育课程改革评估概述

一、评估

目前"评估"与"评价"的概念已被人们普遍使用,范围广泛,几乎覆盖当今社会所有领域,在不同环境中有很多不同的说法。如《辞海》将"评估"表述为:泛指衡量人物或事物的价值;《教育评价辞典》将"评估"解释为:对人或事物的价值作出评量与估价。依据我国教育方针、政策指导思想和教育评价的理念,结合一线评估实践经验,我们认为"评估"是针对人和事物在社会中已发生的以及未来发生的或可能要发生的一切活动过程和价值的评定与估量。

二、教育评估

从目前世界的整个教育领域来看,关于教育评估的概念大家的看法基本上是一致的。教育评估是指按照国家教育方针政策，遵循教育规律和一定标准对教育整个活动（所有现象）的价值进行判断的过程。

三、课程评估

由于研究者所处的历史时期、社会条件以及研究经验、着眼点与层级的不同，其对于课程评估的概念有很多种理解。从我们的研究来看，叶澜、陈玉琨等著的《课程改革与评价》一书对课程评估的定义是科学、合理的。课程评估是教育评估的重要组成部分，它是在系统调查与描述的基础上对学校课程满足社会与个人需要的程度作出判断的活动，是对学校课程现实的（已经取得的）或潜在的（还未取得，但有可能取得的）价值作出判断，从而不断完善课程，实现教育价值增值的过程。

四、学校体育课程改革评估

基于对教育评估、课程评估和学校体育评估等本质特征的研究，我们认为，学校体育课程改革评估是在遵循国家教育方针政策的基础上，按照学校体育课程改革目标及其标准，对改革过程中所有工作的完成以及实现程度进行价值判断的过程。

第二节　学校体育课程改革评估的基本理论

一、马克思主义与学校体育课程改革评估

马克思主义关于人的全面发展理论，是教育理论的重要组成部

分，更是学校体育教育理论评估学校体育培养目标的依据。我们必须真正理解人的全面发展理论，全面贯彻党关于学校体育教育的方针政策，从而自觉主动地实现学校体育教育的培养目标。学校体育课程改革的实际是课程自身在不断发展运动，所以改革是无时不在的。学校体育课程改革的目的和任务是提高学校体育教育质量，增进学生身心健康，促进学生的全面发展。

现代体育教育教学过程理论是评估课程教学质量的标准。它早已改变传统传授知识的陈旧观念，强调素养导向，注重培养学生终身发展和适应社会发展所需要的核心素养，特别是真实情境中解决问题的能力，并基于核心素养确立课程目标、遴选课程内容、研制学业质量标准，推进学校体育综合评价改革。

上述马克思主义关于人的全面发展学说、学校体育课程改革的目标与任务以及现代体育教育的理论等，为学校体育课程改革评估奠定了扎实的理论基础。

二、系统理论与学校体育课程改革评估

系统理论观点认为，评估活动本身是一个非常复杂的系统，内部结构均由若干个子系统构成，它们彼此相互联系、相互影响（作用），组成了有机活动整体。从整体的角度去思考与判断恰恰是系统理论的核心。不论是宏观层面还是微观层面的评估对象，都可以看作是一个由若干要素相互联系和作用的且具有一定结构和功能的有机整体。系统理论的这种整体思想，是我们开展体育教育评估工作的出发点。例如，我们在建立评估指标体系的时候，既要反映评估对象的多方面整体要素，各要素在要素集合中又不能同等对待，应根据各要素对整体功能的影响以及重要程度，赋予相应的权重。在学校体育课程改革评

估实施过程中，必须要处理好局部与整体的关系，不能单一强调构成整个体系中的某个（部分）要素的功能最优，要坚持从整体思想出发，发挥某个（部分）要素的最大功能，以促进整体功能的优化，从而提升学校体育课程改革评估的成效。

三、体育测量学与学校体育课程改革评估

查阅现有资料发现，评估是在测量测验的基础上发展起来的，学校体育评估自然也是如此，所以评估与测量有着非常紧密的关系。可以说，体育测量学理论已经成为学校体育课程评估工作的基础理论，体育测量技术为学校体育课程改革评估提供了基础工具，体育测量技术是获取学校体育课程改革评估信息的手段，统计分析是处理评估信息的方法，误差理论是判别评估精准度的准绳，而检验理论是诊断学校体育课程改革评估结果的依据。

现代教育学、学校体育学、统计学和体育测量学等理论不断发展，把学校体育课程改革评估技术提高到了一个新的水平，提高了评估的信度与效度，大幅度地提升了学校体育课程改革评估的质量。

第三节　学校体育课程改革评估的原则与价值

一、学校体育课程改革评估的原则

1. 方向性原则

学校体育课程改革评估的导向必须符合国家教育方针、政策、法规的要求，必须起到促进党和国家教育方针全面落实、调动学校师生

积极工作和学习、促进学生德智体美劳全面发展的作用。

2. 科学性原则

学校体育课程改革评估的目标体系、方法、程序以及组织，都要遵循教育和体育规律，贯彻教育科学、体育科学，科学地进行评估。

3. 客观性原则

评估的效果与质量，取决于评估结果客观和准确的程度。学校体育课程改革评估内容应从实际出发，实事求是，依据教育规律和体育规律，并以学校体育特点和实际发展情况确定评估内容；评估过程中，要实事求是，力求客观，评估者不能以主观经验和个人情绪干扰评估结果，影响评估结论。

4. 反馈原则

评估需要反馈，没有反馈的评估，就失去了开展的意义。反馈可以引导评估对象认识自身与标准的差距，同时进一步论证评估指标体系的科学性与可操作性，根据实际情况，提供可参考的方案，对评估主体与对象加以修正与完善。

二、学校体育课程改革评估的价值

马克思主义唯物辩证法认为，价值是我们认识、研究、构建、评价事物的前提，如果没有提前了解该事物的特征以及发展规律，那么结果是没有意义的，最终也不会有结果。学校体育课程改革评估沿着认知—研究—实践（运用）—评估开展，由浅入深、由低到高、由理论联系实际到以理论指导实际，不断补充实践经验，促进其理论臻于完善，这对我们修正和改进学校体育课程标准有着十分重要的意义。

1. 为贯彻国家教育方针政策做保障

评估的目的是引导和督促学校认真贯彻国家教育的方针、政策和法规，确保学校体育教育方向不偏航，遵循教育规律和体育规律，深化课程改革，实现学校体育课改目标，为学校体育教育的健康发展服务。

2. 为教育行政部门提供科学有效信息

基于评估过程中多层次、多渠道获取的一手信息，汇总多元主体的一手评价与意见，经严格保密的统计分析，得出定性和定量相结合、发展和结果相统一的评估报告，为政府教育行政部门的相关决策提供科学有效的依据，便于其及时掌握动态、总结经验和解决问题。

3. 为学校管理层、教师和学生找准改进方向

良好的评估可以让学生将静态的知识转化成为内在经验和精神财富，能让学生主动学习发展；还能让教师充分发挥改革的主体性，促进教师的专业发展；帮助学校领导理清课程改革中长短脉络，精准施策，科学管理，积极营造改革氛围，让每一位老师都能自觉主动地投入改革，都能对改革产生归属感。

4. 引导社会和家长树立对学校体育课程改革评估的正确观念

纠正理念，协同进步。大部分的社会负面舆论，都因缺少真实的认知和交流。学校体育课程改革评估能够让大家全程参与课程建设，相信通过这种方式，社会和家长对学校的办学水平、教育理念等都会有新的认知。我们的学校教育需要社会和家长有效的支持和监督。

第二章
学校体育评估的流变

　　学校体育评估由学校体育和教育评估共同发展演变而成，由于两者发展进程以及被重视程度的不同，我国的学校体育评估工作起步较晚，目前仍处于理论研究与实践探究阶段。现有研究认为，唐朝的武举制是学校体育评估的初始阶段，虽然在当时尚未形成系统化、制度化的评价机制，但是其中的评价科目、评价标准以及对评价结果的应用均属于初始的评估要素，对未来学校体育评估的发展有着非常积极的作用。而后，武举制在宋、明、清都得到一定程度的发展，但是都未形成系统的评估活动。孙中山在成立临时政府后设立了教育部，并颁布了"各级学校法令"，其中就包含了具有"军国民教育思想"的体操课相关内容，这是我国最早的学校体育官方条文，而后受到"自由体育思想"的影响改为体育课。该时期的体育课在西方思想的影响下，在学校体育目标、内容与教学等方面都形成了一定的制度化管理模式，但是对学校体育评估仅停留在对学生体育竞赛成绩的评价上，与如今的学校体育评估仍存在较大差异。

第一节 学校体育评估的历史沿革

随着学校体育体系的建立和教育评价理论与方法的逐渐完备，新中国成立以后，我国开始了对学校体育评估工作领域的探索与实践，依据其自身历史发展的情况，我们将其分为三个阶段：

一、评估发展的初始阶段（1950—1979年）

从体育健身与健康课程标准来看，在新中国成立初期，政治、经济、教育制度多是学习苏联的成功经验，为了鼓励民众积极投身体育锻炼、增强国民体质健康，在学习苏联课程体系的基础上，我国教育部于1950年拟订并颁发了《小学体育课程标准》，这是新中国最早的体育教材。1952年引入了苏联的"准备劳动与卫国制度"（简称劳卫制）并公布了《〈准备劳动与保卫祖国〉体育制度试行条例》（草案）与《〈准备劳动与保卫祖国〉体育制度试行项目测验规则》（草案），1958年《劳动卫国体育制度条例》在国务院全体会议第八十一次会议上获得正式批准。我国劳卫制初步探索了以"军事化"项目为主，针对学生体育技能与技术的分级评价模式，是学校体育学生学习评价的启蒙，也是我国初次使用系统的量化评价指标。然而，劳卫制的考核内容关注运动成绩，体育项目与其评价方法难以真正实现体育锻炼的目标。随后国内也逐渐将学校体育的关注点集中到青少年体质健康，在"健康第一"的指导思想下自主制定了学生体质测试制度，随后推出了《国家体育锻炼标准》《国家学生体质健康标准》等文件。这些文件标志着我国学校体育学习评价的发展日趋成熟，以学生身体素质与健康为主要内容的定量测量的体育学习评价方式以及结果导向性评价成为了当前主流的评价模式。虽然,这一时期的评价模式为定量测量的体育学习评价模式,经常给予终结性的结果导向评价,只为检测这一时期的学生身体素质与健康,但是从另一种层面来看,也为我国青少年学生提高其身体素质作出了一定的贡献。

二、评估发展创新探索时期（1979—2006年）

党的十一届三中全会顺利召开,教育迎来了重启的时代。伴随着我国教育改革的不断深入,学校体育评估也迎来了春天。1979年中华人民共和国体育运动委员会、中华人民共和国教育部颁布的《中、小学体育工作暂行规定》成为学校体育评估工作关键性的转折点。该文件的出台,不仅明确了中、小学体育工作的基本任务——"指导学生锻炼身体,增强体质；使学生掌握体育的基本知识和运动技能",还对体育课教学、课外体育活动、体育器材场地与师资等学校体育工作及其条件提出了要求,该文件首次提出要建立专门机构对学校体育工作进行指导与检查,这是我国系统性地开展学校体育评估工作的初步探索。1985年发布的《中共中央关于教育体制改革的决定》从提高民族素养的根本目的出发,提出"要组织教育界、知识界和用人部门定期对高等学校的办学水平进行评估",标志着我国教育评估走向制度化进程。

随后,1993年国务院颁布的《中国教育改革和发展纲要》提出"各地教育部门要把检查评估学校教育质量作为一项经常性的任务"。2001年教育部颁布的《基础教育课程改革纲要（试行）》强调了基于整个基础教育阶段课程评价体系的建立,提出"建立促进学生全面发展的评价体系、建立促进教师不断提高的评价体系、建立促进课程不断发展的评价体系"。2002年教育部出台了《教育部关于积极推进中小学评价与考试制度改革的通知》，其中"建立以学校自评为主，教育行政部门、学生、家长和社区共同参与的评价制度"的文件内容首次提出了多元主体参与的教育评价制度的建立。以上政策文件的出台加速了我国教育评价工作制度化、系统化、科学化改革的进程，建立了学校教育评估工作的基本框架。虽然学校体育工作也涵盖在整体的内容中，但是没有一个相关政策文件专门就学校体育评估给出系统化的方案，学校体育评估仍处于宏观教育评估下的发展阶段。

三、评估发展的深化阶段（2006年至今）

随着素质教育改革的深化与北京奥运会的到来，鼓励全民积极参与体育锻炼、提高青少年健康素质成为学校体育工作的重点。2006年12月第一次全国学校体育工作会议成功召开，会议提出了"建立和完善学校体育的督导制度、学生健康监测制度和体育考试评价制度，对学校体育工作和学生体质健康状况建立起全方位、动态的评价体系"，同时学校体育评估结果将作为衡量地方和学校教育工作的重要指标。这些举措全面强化了学校体育评估的鉴定、导向、诊断、改进、激励与反馈功能，奠定了学校体育评估的制度内容与框架，促进我国学校体育评估进入新发展阶段。

不仅如此，2008年教育部针对学校体育专门颁发了《中小学体育工作督导评估指标体系（试行）》，提出"各级政府和教育部门要加强对学校体育的督导检查，建立对学校体育的专项督导制度"的要求；2017年教育部颁发了《中小学校体育工作督导评估办法》，提出"要加强中小学校体育督导检查，完善中小学体育评价机制和建立问责机制"，并且在文件中完善了督导评估的原则以及督导评估的工作程序；2020年国务院印发的《关于深化新时代教育督导体制机制改革的意见》提出"通过政府购买服务的方式,委托第三方评估检测机构和社会组织开展教育检测评估工作";同年4月印发的《关于深化体教融合促进青少年健康发展的意见》提出"加大体育工作和学生体质健康状况在教育督导、评估指标体系中的权重";同年10月印发的《关于全面加强和改进新时代学校体育工作的意见》提出"要全面扩大学校体育督导范围"。

从我国印发和颁布的各项政策来看,尤其是近5年,我国对学校体育的评价与评估越来越重视,新时代的学校体育承担了更大的责任,也面临着巨大的挑战。我国的学校体育不仅在课程与标准上在近十几年来进行了深入改革,拥有了属于我国学生的一套课程标准体系,在课程评价上也不断地改进。在此背景下,我们可以看出,学校体育的发展不仅仅需要评价、课程与标准等不同主体的协同发展,也需要具有明确的、高效的、科学的学校体育评估体制。因此,近年来,我国有越来越多的第三方评估组织进入到学校体育领域中,而且已经越来越规范化、高效化以及科学化,成为独立于学校和政府之间的第三方有益协同组织,帮助学校开展体育评估,促进学校体育健康发展。

第二节 上海市学校体育课程改革评估的流变

中国是有着悠久历史和灿烂文化的国家,且地域广、人口多,全国上下统一的"一纲一本"的学校体育课程显然已无法支持或满足不同社会经济背景下的、不同教育发展水平的学校的实际需求,于是上海在1987年率先向原国家教委提出,在国家对教育整体要求的基础上,自主创建区域特色课程改革的想法和简案,后经国家批准,1988年上海市开始了独立开展课程改革的尝试。

一、上海市学校体育课程改革的第一阶段(1988—1997年)

1988年5月,上海中小学课程教材改革委员会成立,正式启动上海市中小学课程改革。这是上海市学校体育课程改革的第一阶段,也被很多人称为一期工程或者一期课改。它以实施素质教育为理念,重点解决"全面提高学生素质"这一问题,努力做到"两个改变"和"三个突破",即改变"升学—应试教育模式",改变"统一化、单一化课程模式",突破"加强基础与培养能力"的矛盾,突破"提高质量与减轻负担"的矛盾,突破"全面发展与个性发展"的矛盾。

1988—1989年,上海中小学课程教材改革委员会深入全国19个大城市进行教育调查研究,制定课程目标、课程计划。经过大家努力,最终形成九年义务教育和高中课程方案及标准各一套;针对19门学科编写必修教材22套,共281种、786册;还编写、制作了一批配套的音像教材、计算机辅助教学软件以及选修教材,包含学科发展型、综合应用型、技术艺术型等教材及软件140种;编写活动课教材约80种。1997年9月1日起,全市各年级全面使用新课程教材。全市出版688种必修课教材、127种选修课教材、76种活动课教材、21种课程标准、5种课改专辑(读本)。一期课改在上海市教委教研室带领下构建了"课程结构评价"体系,主要内容由体育基础知识、体能状况、运动技能和运动能力方面组成,采用绝对评价、相对评价以及两者相结合的评价方法,同时相关等第评价标准也已初步完善并使用。这些阶段性的重要成果,为我们现在的学校体育课程改革评估打下了非常坚实的基础。

二、上海市学校体育课程改革的第二阶段（1998年至今）

随着社会经济的发展、信息和知识的丰富以及科技的迅猛发展，培养学生的创新精神和创新能力已成为教育领域落实振兴中华民族决策极为重要的一项任务。1996年开始，上海市中小学课程教材改革委员会为适应国际教育大环境并在国内起到引领作用，开始了新的学校教育改革大项目研究。在这样的背景下，在一期课改工程10年实践与认识的基础上，1998年上海进入第二期课改工程。学校课程改革的第二阶段又称为第二期工程或二期课改。在一期课改的基础上，二期课改提出"以学生发展为本"的课程改革理念，着重解决如何深入实施素质教育的问题，更注重人的发展，尤其是在个性发展中培养学生的创新精神、实践能力和健全人格，使素质教育更加体现新时代的要求。

1998年上海进入二期课改的方向探索阶段，研究和制定了《课程方案（征求意见稿）》，编制了21个学科课程的改革行动纲领和《课程标准（征求意见稿）》，以及启动了英语、小学自然、初中科学和高中劳动技术等学科课程引进教材的编制工作。到2001年，二期课改已完成了《课程方案》、34个学科的《课程标准》，以及课程标准解读、《课程指导纲要》的编制工作，并编写了各学科教材。2002年开始进入试验推广阶段，在上海全市151所中小学课改基地学校开展试验。2008年起对全市1 500多所中小学的全体学生全面实施新课程，使用新教材。二期课改中，上海市教委在一期课改摸索实践的基础上，不断总结好的做法的经验并分析存在的不足，再次针对课程设计、教材质量、教师专业化发展以及学生学习评价等方面进一步作了改进与完善，并形成了详细的评价标准和体系，采用了绝对评价与相对评价、定量与定性评价以及学生自我评价与教师评价相结合的方法，使评估结果更加全面和客观。从后期全国范围内各省市相关课程改革的各种做法来看，二期课改的这些举措为上海市和各省市的学校体育课程改革及评估工作的推进提供了理论与实践方面的参考，作出了一定贡献。

第三节　上海市学校体育课程改革评估的特点

一、评估目的明确具体

上海学校体育课程改革评估，在市教委近些年学校体育工作政策和文件指导下，以"全面提升学生身体素质""以学生发展为本"为两期课改的核心任务，通过对教师教的成果与学生学的成果展开评估，明确了解和掌握了与自身教和学有关的知识与技能，准确判断出教与学两大主体与学校体育教育目标实现的差距，从而促进教师和学生在各自领域的自我完善，促进学校开展行政管理，及时把握学校体育工作具体实际的发展状况，加强体育工作治理能力，提升学校体育教育质量。

二、评估标准科学客观

上海市学校体育课改评估标准统一，依据《上海市小学体育兴趣化、初中体育多样化课程改革指导意见（试行）》文件的指导思想，将小初课改评估指标分为组织领导、课程设置、课程实施、活动与训练、创新与特色五个方面，每个方面都有具体对应的二级指标和三级指标内容，同时每个方面都有评估等第要求，如优秀、良好、基本合格、不合格。

三、评估队伍专业化

评估的专业性体现在以科学专业的（教育评估）理论为指导，依托专业队伍和运用专业方法针对客体对象展开相关评估。

（1）在学校体育评估专业理论方面，充分运用现代教育评估理论和体育评估理论，精准把握新时代学校体育事业存在的主要矛盾和发展方向，秉持正确的体育教育质量观，构建科学客观的评估标准。

（2）在学校体育评估队伍方面，评估人员具备相关专业背景，掌握教育评估基本理论和方法，聘请的评估专家都是教育行政领导、高校体育教育领域教授、区级体育教研员和小初高学校高级教师、资深项目教练，不仅有着扎实的专业知识与理论素养，还有非常良好的职业道德和丰富的评估（督导）经验，最后评估人员须严格遵守双方签署的工作（保密）协议，做到公平公正公开，实事求是，客观评估。

（3）在学校体育评估方法方面，坚持"客观与主观、定量与定性、自评与他评"相结合，开发并使用学校体育教育评估信息填报管理系统和评估技术工具，综合运用要素层次分析、数据统计等评估方法，促进学校体育评估工作高质量健康发展。

四、评估程序规范化

学校体育评估程序的规范是上海市学校体育课程改革成功的有力保障，通常整个评估活动分为准备期、实地调研评估期和总结反馈期三个阶段。

（1）准备期。首先依据市教委对评估项目出台的文件精神和要求，针对已确定的评估对象，邀请教育行政、高校教育体育领域、区级相关体育骨干、小初高学校体育高级教师以及项目资深教练和优秀体育生等共同研讨并拟定评估实施方案、计划、标准等；其次，在全市范围内遴选项目相关领域评估专家，遴选方式由市学校体育评估中心该项目专家库随机抽选与区级推荐上报等方式相结合，按照遴选要求由项目领导小组集体表决裁定；最后，对整个项目评估所涉人员进行全面培训，如对评估专家、相关工作人员、受评学校人员的培训，并做好专家小组的分工等工作。

（2）实地调研评估期。一般提前两天由各专家小组通知受评学校并告知现场评估流程。具体内容包括：一是专家组组长说明评估目的以及介绍各位专家特长及分工；二是受评学校介绍校内出席人员结构；三是学校自评展示，讲述学校体育课改推进过程中好的做法及碰到的阻碍等问题；四是，观摩现场课堂教学；五是，随机访谈校内师生以及行政工作人员；六是，共同总结交流。

（3）总结反馈期。严格按照预先设定好的标准，整理评估过程中所收集的所有信息资料，运用定性和定量等信息计算统计处理方法，撰写真实可靠的项目评估报告，同时对本次评估不合格单位进行单独交流和再评审。然后，将报告反馈委托方并邀请评估主体与客体等相关人员作现场汇报总结。同时，学校接受检查之后应邀完成对评估整个过程的看法。上海市学校体育评估中心将利用这些结果了解评估的质量和影响，并指导与改进评估过程。

第三章

上海市学校体育课程改革评估现状

新中国成立以来,我国基础教育体育课程改革历经了不同的历史时期,在政策与社会发展水平的合力驱动下,向着价值多元化、学习个性化、评价过程化、教学现代化的方向发展。学校体育评估是体育教育过程的重要组成部分,是学校体育工作健康发展的重要抓手。随着时代的发展与进步,上海市学校体育课程改革评估也在不断完善,从而保障学校体育政策和改革理念的有效执行与落实,推动上海市学校体育课程改革进程。

第一节 上海市学校体育课程改革进展与评估实施

体育课程改革是学校体育改革的核心。从中华人民共和国成立之后到20世纪80年代中期,上海遵从全国统一的课程改革要求。从1988年开始,上海开始了独立开展课程改革的尝试,主要历程包括以下4个阶段。

(1)由"应试教育"向"素质教育"转变的改革工程,即"素质教育"的第一期改革工程。

(2) 1998年启动的"深化素质教育"的第二期改革工程。

(3) 2012年启动的"高中体育专项化"教学改革。

(4) 2015年开启的"小学体育兴趣化、初中体育多样化"课程改革。为保障课程改革进程，上海建立了相应的评估督导机制开展评估工作，促进学校体育课程改革发展。

一、上海市"小学体育兴趣化、初中体育多样化"学校体育课程改革

继高中体育专项化改革之后，上海于2015年5月在全市16个区的22所小学和初中正式启动"小学体育兴趣化、初中体育多样化"课程改革试点，并确定徐汇区、闵行区、宝山区为本市学校体育课程改革整体试点区，实现义务教育阶段体育课程改革与高中专项化的衔接。

经过两年的改革实践，2018年上海市教育委员会印发《上海市小学体育兴趣化、初中体育多样化课程改革指导意见》（以下简称《指导意见》）（沪教委体〔2018〕36号），以学校体育课程改革为引领，建立科学的"小学体育兴趣化、初中体育多样化、高中体育专项化、大学体育个性化"学校体育教育教学体系，进一步推动学校体育全面改革，深化体育课程改革，着力解决当前本市中小学体育课程改革实践中存在的问题，更好地落实立德树人根本任务，发展学生核心素养，全面提高中小学体育教学质量。

（一）"小学体育兴趣化、初中体育多样化"的内涵与外延

1. "小学体育兴趣化、初中体育多样化"的内涵

"小学体育兴趣化"是指在小学阶段培养学生基本的体育素养、

激发学生广泛的体育与健身兴趣、引导学生热爱体育、乐于参加体育活动，以提高学生身体活动能力和基本运动技能、在日常生活中养成良好的体育锻炼习惯、促进学生体质健康为目的的体育课程。

"初中体育多样化"是指在初中阶段培养学生的体育素养，在形成体育兴趣，经历多个运动项目和多种体验的基础上，发现符合学生个体需求的运动项目并进行教学，使学生掌握基本的运动技能，促进体能发展和自主锻炼，养成健康的生活方式。

2. "小学体育兴趣化、初中体育多样化"教学思想的外延

首先，"兴趣化"是让过去在教学中培养兴趣转化为在兴趣中进行教学，这一教学思想的确立为有操作意义的体育游戏创编提供了理论依据。兴趣化教学是指教学走进游戏，要求教师在游戏中引入教学元素，这是兴趣化体育教学研究的主要目标。游戏与教学的整合不是二者简单的相加，而是你中有我、我中有你的有机融合。其次，对兴趣的培养不能只停留在用游戏的形式来激发学生的兴趣，要在兴趣上有变化、有内化，要融化、要潜移默化。要科学地运用体育教材培养兴趣，要满足不同年级学生的需求，合理地选用教学方法与手段提高兴趣，适时采用多元评价稳定兴趣，变换使用情景教学发展兴趣。这样能让兴趣化教学向更深层次发展。再次，"多样化"不应仅仅理解为运动项目的多样化，更应该理解为课程内容、课程设置、教学形式、教学资源、教学方法、教学评价等方面的多样化。最后，正确理解两种体育教学思想，还需要把握其外延。从知识范围视角看，"兴趣化"与"多样化"并非彼此绝缘和隔离，而是相互交叉与渗透；从时空特征视角看，激发兴趣不是小学体育教学的"专属品"，培养学生的体育兴趣是促进学生主动参与体育活动，养成体育锻炼习惯的前提与基础。因此，从小学到大学各学段的体育教学中，激发运动兴趣都应该是贯穿其中的主线。同样,"多样化"也并非初中体育教学的"专属品","多样化"理应成为从小学到大学各学段体育教学的"必需品"。

(二)"小学体育兴趣化、初中体育多样化"的指导思想

全面遵循学校体育教育教学规律和学生成长规律,落实立德树人的根本任务,坚持德育为先、能力为重、全面发展的教育理念,聚焦学生体育核心素养的培养,着力发展学生的运动能力和体能,提升学生运动兴趣及终身体育能力;为学生身心全面发展和适应社会生活奠定坚实基础。

(三)"小学体育兴趣化、初中体育多样化"的主要目标

根据"体育与健身"课程目标,在制定小学体育课教学目标时,低年级学生应在激发兴趣的基础上,突出发展身体基本活动能力及形成体育行为规范的目标;高年级学生应在提高学习的乐趣,体验到成功的喜悦的基础上,突出身体基本活动水平的提高及自我健身意识的培养。在制定初中体育课教学目标时,要在内容、方法、组织、评价多样化的基础上,强化多种运动体验,以突出发展基本运动能力、培养自主健身习惯与行为为主要目标。

(四)"小学体育兴趣化、初中体育多样化"的基本要求

(1)坚持基于课程标准理念开展课程改革,用先进的理念引领改革实践,将先进的教育理念转化为深化改革的实际行动,在改革实践中提升课程理念。

(2)坚持目标统领与问题导向相结合,紧紧围绕全面深化"小学体育兴趣化、初中体育多样化"课程改革的目标与任务,依靠深化改革着力破解课程实施中的问题。

(3)坚持试验和科学管理相结合,注重课程改革的连续性和可持续性，加强指导和引领，强化课程管理，提高实施水平，坚持学校体育课程改革与学校体育整体改革协同推进。

(五)"小学体育兴趣化、初中体育多样化"的基本任务

1. 更新课程理念，完善课程体系

要以学校体育课程改革为契机，全面更新传统体育教学理念，应树立现代教学观，由传统的知识的传授者向学生发展的促进者转变；树立多维时空观，加强课内外一体化，学校、社会、家庭一体化；树立终身体育观，强化"天天锻炼""人人健康"的理念，形成终身锻炼习惯和健康生活方式。

2. 优化教学目标，提高教学实效

融合"小学体育兴趣化、初中体育多样化"的改革要求，设计行之有效的课堂教学过程。优化体育教学目标设计，有利于培养学生的体育兴趣爱好和体育运动实践能力，达到自主健身的目的，有利于增进健康、增强体能的实效性；倡导运用自主合作探究的学习方式，有利于创设积极有效、开放、互动的课堂氛围，有利于引导学生学习方法的转变，进一步增强体育课堂教学的效果。

3. 开发课程资源，创新教学方法

大力开发与利用体育课程资源。小学体育课程教学对教材进行教育性、健身性、兴趣性、游戏性改造。小学低年级教学应注重将体育游戏融入各种身体基本活动类型、活动方法及活动规则的教学内容中；小学高年级突出体育游戏的教学元素植入，注重以基本动作技能、身体素质、练习方法和运动规则融入体育游戏手段为主的教学内容选配。初中体育课程内容应选择5—7个运动项目作为主要的教学任务，倡导学校以自身的传统体育项目或确定要发展的运动项目进行教学内容的选配，并注重教育性、健身性和多样性，使之更符合初中

学生身心发展特点，让学生有多种练习体验和学习经历。

4. 改革教学方式，构建新型模式

确保每周小学"5+2"（即每周5节体育课、2节体育活动课）、初中"4+2"的课时安排模式（即每周4节体育课、2节体育活动课）。积极推进小班化教学，实施多形式协同教学、个别化教学，研究和探索适应课时灵活安排的教学组织形式。初二年级施行男女分班教学，初三年级施行体育选项教学，以利于与高中"专项化"相衔接。在实施"小学体育兴趣化、初中体育多样化"改革过程中，应积极探索兴趣化与多样化的体育课堂教学组织形式。

5. 创新教学方法，提高教学质量

在中小学体育课程改革实践中，体育教师要聚焦兴趣化、多样化的练习内容，练习多种组合方式、多种练习负荷，加强身体多部位练习，均衡全面地发展体能与技能。根据不同类型课程的教学任务、内容特点和学生特点，辅以恰当的练习情景和练习资源来选择方法手段，不断创新体育教学方法，有效地完成教学任务。

二、上海市"小学体育兴趣化、初中体育多样化"学校体育课程改革评估

2017年4月，国务院教育督导委员会办公室颁布施行《中小学校体育督导评估办法》和《中小学校体育工作督导评估指标体系》，这标志着中国教育治理实践和学校体育依法治教进程站上了一个新的历史起点。在遵循国家关于中小学体育工作评估相关要求的基础上，上海结合自身发展特色，在一期、二期课改评估工作中逐渐形成一套适合上海学校体育课程改革的评估机制。

随着"小学体育兴趣化、初中体育多样化"课程改革的提出，上

海在学校体育评估方面提出"深化评价改革，注重健身育人"的评估工作要求，并首次提出上海市学校体育课程改革第三方评估的概念，即通过上海学校体育评估中心对中小学实施课程改革情况进行全面评估。

（一）领会中小学体育课程本质

中小学体育课程要充分发挥体育在"立德树人"方面的重要作用，激发学生在小学和初中阶段的体育兴趣，掌握体育知识，学习体育规则，弘扬体育精神，充分发挥体育在培养爱国主义和集体主义精神、磨练坚强意志品质及形成良好道德情操等方面的积极作用。

（二）梳理科学的教育质量观和评价观

树立科学的教育质量观和评价观，坚持"立足过程，促进发展"的新理念，完善"小学体育兴趣化、初中体育多样化"课程改革学生综合评价制度。上海学校体育评估中心应适时进行综合评估，全面、真实、科学地评价试点校的整体情况，每年应对试点校进行评估并公布评价结果，促进小学体育兴趣化、初中体育多样化课程改革。

（三）构建综合评估体系

为确保小学体育兴趣化、初中体育多样化课程教学的顺利推进，从体育教师教学质量（体育课教学）和学生体育学习（学习过程和结果）两个方面，构建有利于学生发展的综合评价体系。评价重点应放在动机激发、学习行为的评价，运用语言评价方法激励学生不断获得自我发展；应积极探索既符合未来发展目标，也适用于当前学生实际情况的相对统一的评价办法，逐步形成技能与体能相结合的科学评价体系。

（四）推动中小学体育课程评价机制

推进"小学体育兴趣化、初中体育多样化"课程考试制度改革。

明确体育学科考试的性质，规范考试内容范围，增强学生体育与生活实际的联系，注重考查学生综合体育素养、运用技能的能力与体能，积极探索多样化考试和成绩呈现方式。

上海市作为国家体育课程改革的试点，在有效衔接中小学体育与健康课程，促进学生身心健康发展，推动我国基础教育改革和教育现代化改革的过程中起着重要的促进和示范作用。上海市中小学体育课程改革的健康发展离不开科学完善的评估体系，体育课程改革需要第三方评估，如何在第三方评估的参与下，实现上海"小学体育兴趣化、初中体育多样化"的深化改革是至关重要的课题。

第二节　上海市学校体育课程改革第三方评估

一、第三方评估概述

（一）国家相关政策鼓励第三方评估介入教育改革

2010年，中共中央、国务院颁布了《国家中长期教育改革和发展规划纲要（2010—2020年）》，提出"明确各级政府责任，规范学校办学行为，促进管办评分离，形成政事分开、权责明确、统筹协调、规范有序的教育管理体制"。2013年，《中共中央关于全面深化改革若干重大问题的决定》明确提出"深入推进管办评分离，委托社会组织开展教育评估监测"。

2015年，教育部颁布《关于深入推进教育管办评分离　促进政府职能转变的若干意见》明确提出要深化教育领域综合改革的任务，加快推进教育治理体系和治理能力现代化，强化国家教育督导，委托社会组织开展教育评估监测，指出"在做好内部评估的同时，主动委托第三方开展全面、深入、客观的评估"。进一步推进教育管办评分离已成为时代强音，引入第三方评估俨然成为我国教育体系改革的重点任务。第三方教育评估是我国教育管理体制改革发展到一定阶段的产物，是适应我国教育内涵式发展的必然选择，也是"建立科学、规范、公正的教育评价制度"的必然要求。

2020年，中共中央、国务院印发了《深化新时代教育评价改革总体方案》，提出"到2035年，基本形成富有时代特征、彰显中国特色、体现世界水平的教育评价体系"，并强调要发挥专业机构和社会组织在教育评估中的重要作用。国家层面文件对第三方教育评估的政策表述，如表3-1所示。

表3-1 国家层面文件对第三方教育评估的政策表述

发布时间	发布机关	文件名称	相关表述
2013.11	中共中央	关于全面深化改革若干重大问题的决定	强化国家教育督导，委托社会组织开展教育评估监测
2015.05	教育部	关于深入推进教育管办评分离促进政府职能转变的若干意见	大力培育专业教育服务机构，整合教育质量监测评估机构。扩大行业协会、专业学会等各类社会组织参与教育评价
2016.12	国务院	关于鼓励社会力量兴办教育促进民办教育健康发展的若干意见	大力推进管办评分离，建立民办学校第三方质量认证和评估制度
2017.01	国务院	关于印发国家教育事业发展"十三五"规划的通知（国发〔2017〕4号）	开展中期评价和第三方评估。大力培育专业服务机构，委托专业机构和社会组织开展评价
2017.03	教育部等五部门	关于深化高等教育领域简政放权放管结合优化服务改革的若干意见	要深入推进管办评分离，通过完善行政、执法、督导、巡视、第三方评估等加强事中事后监管
2017.09	中共中央办公厅、国务院办公厅	关于深化教育体制机制改革的意见	健全第三方评价机制，增强评价的专业性、独立性和客观性

(二) 引入学校体育第三方评估,深化教育改革"管办评"分离

学校体育作为教育的重要组成部分,应当贯彻党的教育方针和政策。在深化教育体系改革中,学校体育领域也急切地希望引入第三方评价机制,以保证学校体育工作的不断完善和发展。2014年,教育部颁布了《学生体质健康监测评价办法》《中小学校体育工作评估办法》和《学校体育工作年度报告办法》,提出将通过政府主导、第三方监测、社会监督等多种途径来分析学校体育的进展情况,加强学校体育工作的绩效评估。学校体育第三方评估办法应时而生,在整个教育评价系统中发挥着举足轻重的作用。我国学校体育引入第三方评估已是大势所趋,并将坚定不移地开展学校体育评估工作、加快推进学校体育管办评分离、推进第三方评估作为学校体育体系改革的首要任务。

(三) 学校体育第三方评估的界定

1. 第三方的界定

从理论渊源来看,第三方作为一个舶来品,最早起源于15世纪的欧洲,早期是指不同于国家机关的市场化的组织,亦称为非政府组织,进而称为社会组织、中介组织。在教育评价领域,一般把学校或培训机构等办学单位称为"第一方",把政府、教育行政管理部门称为"第二方",把独立于"第一方"、"第二方"的社会组织、中介机构称为"第三方"。相对于"第一方"和"第二方"而言,"第三方"是独立于项目契约之外的,其特点在于与"第一方"和"第二方"既没有行政上的隶属关系,也没有经济上的利害影响,体现出一种中立性。

2. 第三方评估的界定

第三方评估主要是在"第三方"定义的基础上发展而来的。对于第三方评估的界定，学术界没有统一的定论。归纳起来，主要有以下几种观点。

第一，第三方评估是指"由项目承担方和委托方之外的第三方根据委托者的明确目的，依据适用的原则和标准，按照专门的规范和程序，应用科学、可行的方法对项目有关活动和效果进行专业化评判的过程。"

第二，第三方评估是由与政府部门无直接行政隶属关系的中介组织（包括各类社会专业机构、大学科研院所等）参与或主导，对项目实施的过程和结果进行监督和考核，因此也称为"非官方评估"。

第三，第三方评估是指由"与政府无隶属关系和利益关系的第三方组织所实施的评估活动。第三方组织包括：一是非政府组织，二是非营利组织，三是中介组织。"

第四，第三方评估是指"教育行政部门组织策划指导或者应学校要求，由除了教育行政部门和学校之外的第三方中介机构实施的评估"。

尽管学术界对"第三方"评估的概念见仁见智，但研究者已经基本达成共识，普遍认为"第三方评估作为外部评估形式，是独立于政府之外的社会组织、团体或个体对政府工作绩效进行评估的过程"。

本书认同将"第三方"定义为中介组织或机构的观点。在本书中，"第三方"特指具有中立性质的学校教育评估中介机构。它是一种介于政府、学校和社会之间的专门性评估组织，坚持多元价值取向，通过接受政府、学校或其他社会组织的业务委托，以提供教育评估为主要的服务形式，能够对学校的办学能力及教育质量作出价值上的判断，并通过评估结果来对委托人和被评估单位提供决策上的依据。

第三方教育评估监测在我国仍处于探索实践的初期，作为学校自为主体的第一方评估和教育行政部门作为评价主体的第二方评估，均属于教育系统内部评估，在教育质量监控方面发挥了重要作用，但在评估的专业化、公平性、社会参与度与公信力等方面有先天的局限性。第三方评估作为不同于学校、政府评估的外部评估，可以打破固有工作格局，依托专业机构、社会团体和有资质的社会组织实施竞争性、社会化的专业评估，有效解决了"王婆卖瓜，自卖自夸"的问题。

3. 学校体育第三方评估的界定

学校体育第三方评估是学校体育管理在评估领域的具体运用，并推进学校体育工作的开展。在学校体育语境中，学校体育工作是第三方的评估对象，教育主管部门和学校是其主要的两个主体，前者是管理者，后者是实施者。学校体育第三方评估是独立于这两个主体之外的社会组织机构。

关于学校体育第三方评估，学界也有不同的认识，主要有以下观点。

第一，学校体育第三方督导评估是指聘请"外人"或直接交给评估机构对学校体育工作进行督导评估。它独立于学校及其行政管理部门之外，其组织主体是独立的、非营利的、具有法人地位的社会中介组织。

第二，学校体育第三方督导评估有助于准确领会宏观政策精神，并针对学校体育客观现实进行准确评估，排除相关影响和干扰，有效解决了管办与评估分离的问题。

第三，学校体育第三方督导评估是政府部门在对学校体育工作进行督导过程中，借助第三方实施评估，以此获取学校体育客观、真实的数据或信息，进而进行有效的指导和相应的奖惩。

综上所述，本文将"学校体育第三方评估"界定为：学校体育评估中介机构在价值目标的引领下，以大教育价值观为准则，同时尊重多元价值取向，对学校体育工作中形成的实际价值作出判断。在实践中表现为政府、学校和其他社会组织通过一定方式和程序委托学校体育评估中介机构，由其负责实施具体评估项目，以促进学校体育评估质量和学校体育质量不断提高。学校体育第三方评估是脱离了管理者和办学者，独立于政府和学校，撇开了直接的利益关系，体现出自身的独立性和专业性，使政府、学校、社会之间发生联系，并对三者的关系起协调作用的社会活动。其基本特征是科学、客观、公正。这一定义包含了以下五层含义。

（1）评估中介机构的设置处于"居间"地位。

（2）以提供专业性"教育评估服务"为己任。

（3）行为方式的价值取向保持中立。

（4）基本职能是在评估服务中进行"沟通、协调、监督、评价"。

（5）主要目标是"促进评估质量和学校体育质量的不断提高"。

二、上海市学校体育课程改革第三方评估概述

（一）上海市学校体育课程改革第三方评估机构

1. 评估机构的简介

上海学校体育评估中心成立于2017年，是随着上海市中小学体育课程改革发展而产生的，其性质是专门从事学校体育监督评估的机构，其评估对象是中小学，评估范围包括上海市学校体育课程改革，上海市学生的体质健康和校园足球等。

上海学校体育评估中心是独立于政府和学校的机构，是接受政府、学校或其他社会组织的委托开展教育评估活动，提供专业咨询服

务，进行相关科学研究并履行监督职能的专业化评估机构。该机构由政府建立，但法律、法规授予其可以独立进行评估的地位，又有独立的价值选择的权力，并非政府政策的执行者，其评估行为是为了客观评判上海学校体育课程改革实际状况，而不是为了体现"政府意志"。在机构人员配置和评估专家选择上具有决定权；在经费使用方面具有自主支配权；其工作机制和运行方式不受外界干扰。

2. 评估机构的权责

政府的放权在某种意义上意味着第三方评估机构的增权。作为上海市学校体育课程改革的主要评估机构，第三方机构参与中小学体育课程改革评估的权力必须得到应有的重视和充分发挥，并促使其更有效地履行所承担的责任和职能。

上海学校体育评估中心的权力主要有以下三点。

（1）有权根据需要自主组织开展体育课程改革评估工作。

（2）有权对评估机构内部诸事务的管理享有自我处理和决策权。如自行决定机构的发展目标、评估任务、评估人员、评估方法、评估流程、评估指标体系以及评估处理的方式等。

（3）有权对政府和学校进行监督。通过第三方评估改变政府全权管制的形态，建立一种服务型的责任机制，促进中小学体育课程改革进程，充分发挥评估的建设性功能。

权力与责任相伴随，上海学校体育评估中心在行使上述权力的同时，也必须相应承担以下几点责任。

（1）有责任促进上海市各中小学校体育工作的开展，提高体育课程改革质量，向学校反映社会各利益主体的不同需求。

（2）建立自我约束、自我规范的机制，既要符合国家法律政策的相关规定，又要符合中小学体育教育发展的内在逻辑，促进中小学体育课程改革健康发展。

（3）有责任对政府和学校进行监督，促使中小学体育课程改革质量评估的民主化，达到权力之间的相互制衡。

（4）有责任向政府和学校提供咨询和建议，以便改善政府与学校对体育课程改革质量的评估效果。

3. 评估机构的工作职责

上海学校体育评估中心在上海市教育委员会（以下简称"市教委"）领导下，主要履行以下四点工作职责。

（1）接受教育行政部门委托，对上海市中小学体育课程改革进行评估督导，并提供评估报告。

（2）接受教育行政部门委托，及时发布中小学体育课程改革评估结果，公布体育课程改革质量和发展状态的数据。

（3）在市教委有关职能部门指导下，开展体育课程改革评估标准、理论、技术等方面的研究。

（4）承担市教委交办的其他工作。

4. 评估机构的业务内容

上海学校体育评估中心的评估业务主要来源于市教委、区教育局、体育局的委托与授权。自成立以来，上海学校体育评估中心就承担了上海市"小学体育兴趣化、初中体育多样化"第一批、第二批试点学校以及全区普及体育课程改革状况评估，上海市学校体育"一条龙"人才培养体系评估等工作。其评估业务紧扣上海市中小学体育课程改革，为上海市学校体育发展提供精准的评估信息，把握体育课程改革步伐，促进学校体育改革发展。

5. 评估机构的工作机制

经过多年实践，上海学校体育评估中心形成了比较完整的评估流程，如图3-1所示。

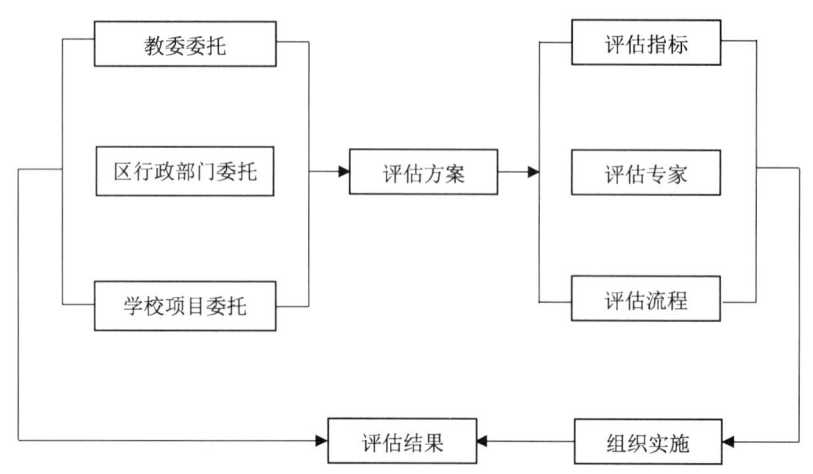

图3-1 上海学校体育课程改革第三方评估流程图

上海学校体育评估中心接受教育行政部门和学校的委托，制定评估方案，针对评估目标构建评估指标体系，选择适合的评估专家，按照既定的评估流程对学校体育开展状况展开评估，收集和分析学校体育课程改革质量的信息，最终形成评估结果。

(二) 上海市学校体育课程改革第三方评估的功能

上海学校体育评估中心的价值与其自身功能有密切联系，是其所担任的社会职责与作用的综合体现，是对其社会角色的全面诠释。上海市学校体育课程改革第三方评估的功能主要包括评估鉴定、监督导向、咨询服务等。

1. 评估鉴定功能

所谓评估鉴定功能，是指作为受委托方的上海学校体育评估中心，在政府、社会组织和学校的委托下，对中小学体育课程改革现状、进展、成效及问题做出整体评估与鉴定。它是学校体育课程改革第三方评估的首要功能，具体包含以下方面。

首先,为政府教育决策提供相关依据。由于政府与学校在利益上并不完全一致,如果委托方不能采取有效措施来监督、约束学校行为的话,就有可能发生学校违背政府的教育要求的现象。政府为了避免这种现象发生,把控学校体育课程改革工作,就必须对学校体育课程改革进行鉴定和检查。第三方学校体育课程改革评估机构应时而生,接受政府委派的任务,对学校体育工作进行质量评估。通过第三方机构的评估,政府可以减少在监督中的各项投入,并利用评估信息和评估结果来进行决策,判断学校体育课程改革及教育投资的正确方向。

其次,通过外部检查,学校能客观、全面地认识到自身体育课程改革的现实条件和办学情况。开展第三方评估监测是深化推进教育领域综合改革的有力抓手,第三方评估能够全面推进学校体育工作,学校会根据评估标准了解学校体育课程改革的要求,对比检查学校自身工作,健全和完善学校体育相关制度,促进体育课程不断发展,使得体育课程更加符合时代发展需要和学生发展需求,从而促进学校体育课程改革的开展。

2. 监督导向功能

上海学校体育评估中心的重要功能之一是实现监督导向作用。美国政治家麦迪逊指出:"人不是天使,所以必须建立政府对其加以管理,也正是因为人不是天使,所以由人所组织的政府还必须受到制约。"学校体育课程改革第三方评估可以强化政府治理责任,提高教育服务质量。"现代法治的第一个前提是它必须以社会自治作为其基本社会构造",将学校体育课程改革的评估权交给专业的第三方评估机构,可以实现学校体育评估层面的社会自治,避免政府在教育评估领域的事必躬亲,这显然有助于促进政府职能转变。第三方评估机构通过对中小学体育课程改革的一系列评估活动,将重要的相关信息传递给关注基础体育教育改革的政府、学校及社会大众，对政府的教育政策的制定、教育管理措施的实施及规范学校体育工作，起到了良好的监督和导向作用，促使学校体育课程改革持续健康地发展。

3. 咨询服务功能

上海学校体育评估中心在评估过程中，通过收集大量的评估信息以及对学校体育课程改革做出科学评估鉴定，来为第三方评估中涉及的各利益主体提供咨询服务。它主要提供三类咨询服务：一是为政府提供政策调查和决策咨询。在评估学校体育课程改革的实践过程中，第三方机构收集到丰富的关于学校体育工作质量的信息，如果对这些信息和数据进行综合整理和深入、细致分析，则可成为政府制定教育政策时的有效参考，为政府决策提供数据参考。二是为学校体育工作提供发展战略方面的咨询。随着社会主义市场经济体制改革的深入，中小学在体育资源获取、经费申请和优秀生源方面的竞争也越发激烈，如何在激烈竞争的氛围中更好地发展自身，就必须形成独特的体育特色。这种情况下，第三方评估机构可以对学校进行客观评估，促使学校正确定位，制定适合的学校体育发展战略。三是为社会提供信息咨询服务。对于家长和学生来说，他们可以通过第三方评估机构的信息选择相应的学校。

（三）上海学校体育第三方评估的内容与效用

1. 评估体育课程改革顶层设计，督促学校完善相关组织机构和制度建设

学校体育课程改革的顺利实施离不开学校的顶层设计，学校体育课程改革是一项综合的、立体的、全方位的教育工作，涉及组织与管理、体育课与活动课、社团与俱乐部、训练与竞赛、教研活动等方方面面，是一项长期复杂的工程，需要自上而下的规划与要求，需要各方的支持与合作，需要多部门的共管与对接，需要一系列规章制度的保障。因此，在学校体育课程改革评估中，对体育课程改革顶层设计的评估监测，可以全方位了解课改实施的效果，从中发现问题，督促学校加强组织领导、完善规章制度、落实管理责任，加强绩效考核等，从而全方位落实体育课程改革理念，确保体育课程改革顺利实施。

2. 评估体育课堂实践，促进教师专业发展

体育课程改革落实在课堂，体育课是检验体育课程改革落实情况的最重要的平台。上海针对不同的学段实施不同的体育课程改革规划，在小学阶段，以培养兴趣为主，通过兴趣化课程激发学生对运动的兴趣和热情，养成体育锻炼的良好习惯；初中多样化课程旨在促进学生体验多种项目运动，培养自主锻炼行为。上海市学校体育课程第三方评估的重点也是体育课堂实践，通过教师的课时设计，了解体育教师的教学理念；通过课堂观摩教师对教学方法、教学组织的运用，掌握教师对兴趣化、多样化体育课堂的理解；通过课堂上学生的表现，直观感受体育课程改革对学生的影响。评估体育课堂实践收集到的信息，经过专家的整合分析，形成反馈，加深教师对体育课改理念的深入理解，从而促进教师的专业发展。

3. 评估体育课程改革保障条件，督促学校完善资源配置

一支专业化的教师队伍、一个达标的体育场地、一套完备的器材，是实现体育课程改革的重要物质保障。一套完善的经费投入机制是确保学校体育课程改革工作落实与推进的重要财力保障。首先，"小学体育兴趣化、初中体育多样化"课程改革对体育场地器材有不同的需求，器材条件很大程度上直接影响兴趣化、多样化体育课堂的实施。其次，随着上海市中小学体育课时增加（小学"5 + 2"，初中

"4+2"),对体育师资的需求大大增加,体育教师的数量是保障体育课实施的基础,体育教师的专业能力决定体育课质量的高低。最后,体育场地器材、体育师资条件以及学校其他体育工作的开展离不开体育专项体育经费的保障。对这些保障条件的评估,可以督促学校完善体育场地器材、配足配强体育师资、加大体育经费投入,为学校体育课程改革保驾护航。

4. 评估体育课程改革特色,激励学校进一步发展创新

在中小学体育课程改革过程中,很多学校认真落实课改政策,根据课改理念全方位进行学校体育工作改革,在发展的过程中逐步形成学校体育特色。例如有些学校通过引进项目,丰富学校课程设置,形成学校特色项目;有些学校根据场地与师资条件开发课程,将校本课程发展为学校的优势项目;有些学校针对兴趣化、多样化体育课程进行器材设备的创新,满足和提升体育教学效果;有些学校结合运动项目开发多款体育游戏,形成学校体育游戏库,供所有任课教师参考;有些学校在信息化技术运用方面有独特的经验,等等。在评估过程中对体育课程改革特色的评估,一方面可以激发中小学注重课改思考,重视学校体育特色及创新;另一方面可以对学校好的做法和经验进行总结,以供其他学校参考,从而通过评估促进和激励学校进一步发展创新。

三、上海市学校体育课程改革第三方评估的亮点

(一)建立上海市学校体育课程改革制衡机制,全面促进学校体育工作

长期以来,我国教育评估的主要模式是学校自我评估即第一方评估和教育行政部门组织的行政评估即第二方评估。这些都属于教育系

统的内部评估，存在评估主体单一，评估过程封闭、外部制衡缺乏等不足，其独立性与公正性一直受到舆论的质疑。上海市学校体育课程改革第三方评估机构作为一种必要而有效的外部制衡机制，打破了学校自我认知、利益考虑的局限，克服了政府在教育管理评估中既当裁判员又当教练员的弊端，弥补了传统的政府自我评估的缺陷，在促进建设服务型政府和学校体育工作方面发挥了不可替代的作用。

1. 督政与督学相结合，全面发挥第三方评估效用

政府、第三方评估机构、学校在进行选择的过程中确立了统一的关系，这也正是第三方评估运行中相互制约关系形成的基础。首先，第三方评估机构具备督政效应。在评估工作运行中，上海市学校体育课程改革第三方评估机构是评估工作的具体实施者，政府依赖于第三方评估机构的评估信息，可以通过评估结果及有关评估信息对上海市学校体育课程改革做出研判，为制定相关政策、部署下一步工作提供依据。某种程度上而言，第三方评估对政府职能的发挥起到很大的督促作用，影响较大。其次，第三方评估机构具备督学效应。在评估工作具体实施过程中，评估学校按照上海市学校体育课程改革第三方评估机构拟定的程序和方法接受评估，并向第三方机构提供相应的信息、资料和数据，学校在接受评估的过程中，会对学校体育课程改革进行自我审视，也会结合评估指标进行查漏补缺，接受评估专家给予的指导意见，在体育课程建设、课余训练、场地器材、体育文化等方面及时进行调整和完善，因此，第三方评估很大程度上督促了学校不断提高学校体育工作质量，推动了学校体育课程改革进程。上海市学校体育课程改革第三方评估对政府的教育政策和教育管理、对学校体育课程改革能够产生重要影响和利益触动，它以专业的评估积极地影响着政府教育决策和学校体育工作。

2. 以第三方评估为制度支撑点，完善学校体育评价机制

评价是学校体育政策落实的助推器。学校是教育目标和教育成果的直接体现者，是督导工作的落脚点，承担着学校体育工作的直接职责。在实际工作中，学校体育的评估来自两方面：教育行政部门的内部评估和教育督导部门即第三方评估的外部评估。学校内部评估是检验学校体育工作质量的常态化手段，能够及时发现问题，迅速作出反应。相对而言，中小学自身的体育督导评估机制并不完善，通过第三方评估的介入，可以督促学校完善体育工作评估机制。评估机制可以督促学校开齐开足体育课，做好体育活动课、课外活动、训练与竞赛等相关工作，将保障开课率、达标率、落实率、检测率等落实到日常教学工作中，促进学校体育工作高质量发展。内部评估强化自我约束的自律作用，外部评估强化外界的监督制约作用，两者目标一致，有机融合，相辅相成，缺一不可，共同构成完整的学校体育评估机制。学校体育第三方评估是推动学校体育工作健康状况的"体检台"。以第三方评估制度为基础支撑，构建目标明确、内容全面、指标科学、程序严谨的学校体育工作评估机制，从制度上保障学校体育健康发展和青少年学生健康成长。

（二）发挥第三方督导作用，促进上海市学校体育课程改革进程

第三方教育评估功能的实现需要坚持教育评估独立性、专业性、公正性的理念。社会大众对第三方评估的认可与信任，恰恰就来自评估机构功能的顺利实现。基于此，学校体育课程改革第三方评估的公信力主要依赖于评估主体的独立性、评估工作的专业性、评估过程的客观性、评估结果的真实性。

1. 第三方评估主体的独立性

教育评估的独立性是指第三方评估机构在不受任何外部力量干扰

的情况下独立自主地开展评估活动，教育评估的独立性是保证教育评估公平公正的前提，是第三方评估的立身之本。

1）评估行政组织的独立性

第三方教育评估监测是独立于教育系统之外，介于政府、学校和社会三者之间实施评估监测的专业组织，既包括独立的第三方评估监测，也包括委托第三方实施的评估监测。

上海市学校体育课程第三方评估是落实管办评分离政策的重要手段，克服了政府教育部门在评估进程中兼理"运动员"与"裁判员"的制度阙如，也冲破了学校体育认知单一、利益至上的评估局限，对学校体育改革发挥着独立的研判、监督与激励功用。

2）评估工作开展的独立性

上海学校体育评估中心除了是独立的行政组织机构，更重要的是其评估工作的开展具有独立性，具体表现在以下三点。

（1）评估方案制定的独立性。上海学校体育评估中心接受教委或学校委托后，首先了解评估任务、明确评估目的，然后由评估中心独立制定评估方案，包括评估会议的召开、评估时间、评估专家的选择、评估方法和手段的运用、评估形式，等等。

（2）评估标准制定的独立性。评估标准是评估的重要一环。上海学校体育评估中心对评估指标的选择、指标权重的确定、评估体系的构建、评估表的制定等都拥有绝对的决定权，独立开展各项工作。

（3）评估操作过程的独立性。在评估工作实施的过程中，学校体育评估中心选派的评估专家小组独立开展"小学兴趣化、初中多样化"的评估工作，在工作过程中不受教委或评估学校的外部干涉。

3）评估结果研判的独立性

对评估结果研判的独立性是学校体育评估工作独立性的重要体

现。评估工作最终要根据评估搜集的材料和信息，结合学校体育评估表对中小学体育课程改革状况进行综合评定。上海学校体育评估中心对评估结果的研判，主要依据专家对评估学校的评分，根据分值比例对评估学校成绩进行综合评定，最终依据"小学体育兴趣化、初中体育多样化"评估等级确定标准进行等级评定，整个评估结果研判过程不受外界干扰，确保评估结果客观真实。

2. 第三方评估工作的专业性

上海市学校体育课程改革第三方评估机构的主要职能是从事中小学体育课程改革评估活动，即以评估作为主业。与此相比，对于政府和学校而言，他们不是专业的评估机构，评估并不是其主要职能，只是其总体工作的一部分。上海市学校体育第三方评估的专业性也是其区别于政府评估和学校内部评估的明显特征。具体表现为以下三点。

1）评估人员的专业性

上海市学校体育课程改革第三方评估机构是专业化的评估机构，它对机构成员的基本素质、专业能力及知识结构方面都具有较高的要求，需要教育评估人员具备相应的专业知识、职业技能，掌握科学的评估方法与技术。新时期，随着科技发展和社会进步，社会对青少年健康的需求不断提升，学生对体育的需求也在不断变化，这些需求都促使学校体育课程不断进行调整和变革。面对日新月异的变化，评估主体若不具备专业性，将丧失科学评价的能力。因此，评估人员必须是在评估理论与实践方面都具有权威性的专业评估专家，精通教育理论和体育理论。基于评估主体的专业性确保评估工作的实效性。

2）评估标准的专业性

评估标准是检验评估对象的标尺，其对评估对象的导向、督促和评价意义重大。首先，评估指标选择精准。上海市学校体育课程改革第三方评估机构结合上海市中小学体育课程改革实际，精准选取评估指标，力求实现评估目标。其次，指标权重设置合理。指标权重直观呈现评估内容的重要地位。上海市学校体育课程改革第三方评估机构针对每次评估任务，在初步搜集评估指标基础上，按照评估指标体系构建的步骤，采用德尔菲法和层次分析法，邀请专家对"小学体育兴趣化、初中体育多样化"课程改革评估指标进行咨询和问卷调研，完善指标，确定指标权重，确保中小学体育课程改革评估的科学性和实效性。最后，评估指标体系构建完善。科学方法构建的评估指标体系能够全方位了解上海市"小学体育兴趣化、初中体育多样化"课程改革中的实际状况，检查评估改革成效。

3）评估流程的专业性

重视评估手段的科学性和评估流程的细致性。上海市学校体育课程第三方评估流程主要包括：评估机构向学校发出通知、确定评估时间、学校自评、第三方评估机构实地考察、收集整理评估学校信息、做出评估报告、开展周期性复评、展开评后监督等。合理专业的评估程序、细致化的评估流程确保了评估工作的程序正义与面面俱到。同时上海学校体育评估中心注重对中小学体育课程改革评估结果的追踪与反馈，促进学校体育工作发展。

3. 第三方评估过程的客观性

第三方评估机构作为教育评估实践直接参与者，必须充分发挥自身评估工作的客观性，确保评估结果能反映学校体育工作的问题，并提供全面参考，使中小学体育教育质量能在第三方评估机构评估辅助下得到显著提升，为中小学体育课程改革工作稳步推进奠定坚实基础。上海学校体育评估中心评估过程的客观性表现为以下三点。

1）评估学校选择的客观性

上海学校体育评估中心接受评估任务后，需要根据评估目标选择评估学校。评估学校的选择方法和选择范围直接影响评估结果。针对上海市"小学体育兴趣化、初中体育多样化"课程改革，评估学校的选择涵盖16个区，每个区评估学校的选择则根据电脑派位法随机确定。具体操作方法为，工作人员在大屏幕滚动区域内的学校，评估中心主任背对屏幕，随机喊停，鼠标停留的学校即被选择为评估学校。这种选择的随机性可以极大程度上地客观反映区域内体育课程改革状况。

2）评估指标选择的客观性

评估指标的选择对评估工作至关重要，直接反映评估的关注点。上海学校体育评估中心高度重视评估指标体系的构建，在指标选取和标准制定过程中，根据上海市中小学体育课程改革实际，充分融入体育学专家、高校教授、体育教研员以及一线教师的专业意见，合理选择评估指标，充分保障评估工作的客观性和实效性。

3）评估资料获取的客观性

评估资料是确定评估结果的重要参考，评估指标是相对量化的评估内容。上海市学校体育课程第三方评估注重在实地评估过程中搜集相关评估资料，包括学校体育场地设施条件、体育社团活动安排、大课间活动、体育家庭作业布置等，这些一手资料可以帮助评估专家更加准确地开展评估工作，确保评估结果的客观性。但对于学校体育课程改革而言，评估资料涉及学校体育方方面面的工作，有些内容无法做到量化。例如学校体育文化与氛围、学生课外活动情况、学生体育学习兴趣与热情、教师日常体育工作表现等，很多隐性的学校体育工作状况对体育课程改革有着至关重要的影响。

4. 第三方评估结果的真实性

评估工作的最终目的是形成客观真实的评估结果。上海学校体育评估中心存在的最大意义也是通过独立开展工作，在专业评估人员的参与下，经过科学严谨的评估流程，获取客观的评估信息，得出真实的评估结果，全面反映"小学体育兴趣化、初中体育多样化"课程改革进程、现实状况、存在问题以及好的做法等，为中小学体育课程改革的下一步工作部署提供参考。评估结果的真实性表现为：

1）文本材料的真实性

文本材料是评估的重要参考。上海市中小学体育课程改革评估重视文本材料的搜集和查证。文本材料主要包括单元计划、课时计划、体育教研活动以及校本教材等。为避免佐证材料造假，保证文本材料的真实性，评估专家在实地评估过程中会仔细查阅这些文本材料，例如教研活动笔记是否是手写，每次教研活动主题与参与人员、研讨内容与体育课改的相关性；是否每个年级都有完善的单元计划；每位教师的课时计划是否完备；学校的校本教材是否成册等。真实的文本材料为专家评估提供重要参考。

2）体育课的真实性

体育课是体育课程改革的"实践田"，体育课最能真实反映学校在体育课程改革方面的工作质量。因此，观摩体育课是上海市学校体育评估重要的评估点，上海学校体育评估中心在评估准备阶段会针对体育课设计专门的评价表，体育课评分在评估结果中占比最大，达到60%。因此为了真实反映评估学校日常体育课面貌，评估工作人员会提前一天通知评估学校相关评估工作内容，避免演示课、表演课，保证了评估学校体育课的真实性。

3）测试结果的真实性

在体育课评估中，对教学效果的评估项目包含运动密度和运动强度。运动密度和运动强度一定程度上反映了体育课在运动负荷方面的表现。体育课的目标一般都包含提高学生体质和运动技能，这也是体育课区别于其他课程的本质特征。上海学校体育评估中心重视对中小学体育课运动密度和强度的测试，在评估过程中配备充足的测试仪器，培训专门的测试工作人员实施监测。具体操作是：在体育课前，随机抽取班级5—8名学生，男女生比例相同，为学生佩戴相应的测试设备，通过测试设备搜集相关数据，通过后期整理和分析数据，整合出本次课的运动密度和运动强度，为专家评分提供客观依据。

（三）建立上海市学校体育课程改革第三方评估专家库，提升教育评估品质

组织的运行需要通过"人"这一载体实现。专家是评估工作的主体，在评估过程中，专家需要基于自身的专业知识和评估技能，依据既定的评估方案和评估标准，运用恰当的评估技术和手段，最终得出专业的评估结论。评估专家决定了组织的专业性和权威性，是评估工作的关键要素。

上海学校体育评估中心自成立起，就高度重视评估专家团队的组建和管理，通过建立"上海学校体育评估专家库"，对评估人员进行聚集式、规范化管理，摆脱离散的状态，确保评估的有效性和权威性。专家库目前已有注册专家近200名，按照专家专业领域、职称、评估经验进行分类管理。庞大的专家库为上海市学校体育课程改革评估工作提供人力保障，确保评估工作的专业性。

1. 专家团队的组成

评估专家是评估工作的实际操作者，专家团队的组成、专家的学科背景、专业领域、学历及职称水平、评估理论与实践经验等都对评估工作产生影响。上海学校体育评估中心在选择专家时，充分结合这些背景因素，将适合的专家纳入评估专家库，主要考虑因素包括以下

三点。

（1）专家来源。上海市学校体育第三方评估主要是对中小学体育课程改革状况进行评估督导，因此专家的组成有高校教育学专家、体育学科专家、体育教研员、中小学一线优秀体育骨干教师。其中高校专家注重从理论层面分析体育课程改革状况，一线教师重点分析体育课程改革实践成效。理论与实践相结合，保障上海市学校体育课程改革符合新时期教育体育发展规律，满足学生的实际需求。

（2）专家学历与职称。为了体现评估工作的专业性和权威性，在专家选择方面，学历和职称也是考虑因素。一般而言，专家的学历为硕士以上，职称为高级职称，高校一般都是教授，中小学一线专家都是体育骨干教师。专家的高职称、高学历保障上海市学校体育课程改革评估工作的高质量。

（3）专家评估经验。评估工作是一项专业性较高的工作，尤其是教育评估，其对评估专家的评估经验有一定的要求，并非所有的教授或骨干教师都能参与教育评估。上海学校体育评估中心在选择专家时，会根据评估任务，选择具有不同评估经验的专家参与评估工作，确保学校体育课程改革评估工作顺利开展。

2. 专家遴选机制

鉴于评估专家在整个评估项目中发挥核心作用，科学有效的专家遴选机制成为评估项目得以有效实施的重要保障。上海学校体育评估中心在评估过程中不断积累经验，逐步形成了学校体育评估专家遴选机制，主要包括以下三点。

（1）专家遴选原则。专家遴选符合评估目的和需要的目的性原则；遴选出具备相关专业知识、熟悉学科发展前沿以及教育评估领域的专业性原则；遴选程序公开透明的规范性原则。

（2）专家遴选标准。熟悉学科发展前沿，具有较高水平的学术成果的学术素养；理解教育规律和教育政策，准确把握学校体育课程改革目的与特点，熟练掌握评估方法和技术的评估素养；遵循学术道德与评估道德，坚持评估原则与标准的道德素养；能够在复杂多变环境下克服困难，坚持依据原则开展评估工作的心理素养。

（3）专家评价信息。上海学校体育评估中心重视评估专家的专业素养。针对每次评估工作中的专家表现，通过专家评分表进行打分，同时结合专家小组组长的评价对每位专家进行综合评定，从而建立专家库的动态化调整机制，对评分较低的专家减少或取消其评估工作。

总之，上海学校体育评估中心不断完善专家遴选机制，在实际工作中实行专家轮换制，实现评估工作的公平公正。

第四章

上海市学校体育课程改革第三方评估标准

评估标准是第三方评估的灵魂，是上海市基础教育现代化和学校体育改革的缩影，是上海市学校体育持续创新的灯塔。严格要求和把控评估标准的制定就显得尤为重要。本章将从三个部分展开，对评估标准制定的基本认识、目标、科学依据、制定原则、主要内容以及量化指标进行详细阐述。

第一节 上海市学校体育课程改革第三方评估标准制定的基本认识、目标和原则

一、上海市学校体育课程改革第三方评估标准制定的基本认识

（一）服务于素养导向的上海市学校体育课程改革

进入 21 世纪，发展学生"核心素养"已成为国际教育趋势。素养强调的是学生的综合素质，而非单一维度的知识与技能。2014 年

教育部颁布《关于全面深化课程改革落实立德树人根本任务的意见》，提出"研究制定学生发展核心素养体系"。2016年，我国公布了"中国学生发展核心素养的总体框架与基本内涵"，框架涉及文化基础、自主发展、社会参与3个方面，人文底蕴、科学精神、学会学习、健康生活、责任担当、实践创新等六大素养，并进一步细化为18个基本要点，明确学生的必备品格和关键能力，深入回答"立什么德、树什么人"的根本问题。2016年国务院办公厅印发《关于强化学校体育促进学生身心健康全面发展的意见》（国办发〔2016〕27号），特别强调"全面提高学生体育素养"。此后，《普通高中体育与健康课程标准（2017年版）》《义务教育体育与健康课程标准（2022年版）》均以培养学生发展核心素养为引领，制定课程目标和课程内容框架。

素养导向的教育改革，给学校教育带来了育人方式的转变。一方面，课程强调从"以知识与技能为本"向"以学生发展为本"转变，注重教学方式改革，倡导学生将自主学习、合作学习、探究学习有机结合，激发学生的学习热情，关注学生个体差异，整体设计课程内容，保证基础、重视多样等理念。在教学方法与评价上，采用多样的教学方法与学习评价方式，促进每一位学生拥有良好的学练体验，增强学习的自信心，在原有的基础上获得更好发展。另一方面，发挥学校自主性，拒绝"千校一面"。鼓励学校在教学进度安排、教学内容选择、教学方式手段应用方面拥有自主权，能够自主安排教学进度，形成特色，加强学校和学科的育人功能。

在这样的教育改革与课程改革背景下，上海市教委于2015年启动"小学体育兴趣化、初中体育多样化"课程改革，以更好地落实立德树人根本任务，发展学生核心素养。课程改革全面遵循学校体育教育教学规律和学生成长规律，落实立德树人的根本任务，坚持德育为先、能力为重、全面发展的教育理念，聚焦学生体育核心素养的培养，着力发展学生的运动能力和体能，提升学生运动兴趣及终身体育能力；在小学阶段，以培养学生基本的体育素养、激发学生广泛的体育与健身兴趣、引导学生热爱体育、乐于参加体育活动，以提高学生身体活动能力和基本运动技能、养成日常生活中良好的体育锻炼习惯、促进学生体质健康为目标。在初中阶段，培养学生的体育素养，在形成体育兴趣、经历多个运动项目和获得多种体验的基础上，发现符合学生个体需要的运动项目并引导其进行学习，从而使其掌握基本的运动技能，促进其体能发展和自主锻炼，养成健康的生活方式。

《指导意见》强调，要坚持"立足过程，促进发展"的新理念，完善小学体育兴趣化、初中体育多样化课程，改革学生综合评价制度。上海学校体育评估中心要适时进行综合评估，全面、真实、科学地评价试点校的整体情况，每年要对试点校进行评估并公布评价结果，促进小学体育兴趣化、初中体育多样化课程改革。正是由于《指导意见》中的这一要求，上海学校体育评估中心作为第三方评估机构，牵头开发和构建了评估指标体系，以保证全面、真实、科学地评价"小学体育兴趣化、初中体育多样化"学校体育课程改革推进情况和存在的问题，由此形成了上海市学校体育课程改革第三方评估标准。

（二）保证第三方评估公正客观地开展

体育课程改革的第三方评估，是以一定的评估标准发现改革过程中的问题，促进学校体育改革的推进和有序发展。作为体育课程改革评估的中心环节，课程改革评估标准制定必须要保证第三方评估能够公正客观地开展。首先，指标体系要符合国家的教育政策、教育导向，要与体育课程改革的内容与要求保持一致，能够全面地反映体育课程改革的思想与主旨，显示出体育课程改革的概貌。其次，评估指标应该从不同角度得到相关管理者、利益者的广泛认同，能够使评估者易操作，能够促使受评方形成课程意识、更新课程观念，促进课堂教育质量的提升，并且评估指标也应着眼于学生，通过合理的指标促进学校体育关注学生的教育收益，促进学生全面健康发展。最后，评估指标应该成为体育课程改革的稳定器和风向标，使体育课程改革不会偏离改革的初心和使命。

二、上海市学校体育课程改革第三方评估标准制定的目标

（一）宏观层面：引领现代化学校体育发展

上海是全国改革开放的排头兵，更是基础教育改革的前沿阵地。自20世纪80年代起，上海始终把教育摆在优先发展的战略位置，抢先抓住重大教育改革机遇，推动教育综合改革取得重要进展和突破，成为教育改革发展的先锋高地。"十三五"期间，上海全面深化基础教育综合改革，构建更加公平、更加科学、更加优质的基础教育体系，提出以"学科核心素养"作为课程标准修订的突破点，各学科围绕学科核心素养细化学科关键能力，探索培养学科核心素养的具体教学方式方法和评价；提出以学生创新精神与实践能力培养为重点，围绕跨学科、信息化支撑、国际视野融入和以校为本实施等方面推进课程改革。2020年上海宣布率先实现基础教育现代化。

体育是基础教育不可或缺的重要组成部分，因此学校体育课程改革评估标准的制定也应与上海基础教育现代化的发展特征与趋势相适应，体现上海基础教育的领先性、高阶性。此外，评估标准指标的选择与确定也应以学校体育现代化发展为标尺，落实"为了每一个学生的终身发展"教育理念，确保以体育学科核心素养为引领，力求能够

进一步引领上海市学校体育现代化的发展，更好地落实立德树人根本任务，发展学生核心素养，全面提高中小学体育教学质量。

（二）中观层面：推进"小学体育兴趣化、初中体育多样化"体育课程改革

随着上海社会、政治、经济、文化等各方面的快速发展，家庭的教育观、体育观和健康观发生转变，青少年儿童课外体育活动机会增多，体育文化视野不断拓宽，传统的学校体育课程内容、教学模式、教学组织越来越难以满足青少年学生日益增长的体育学习需求。为进一步提高学校体育育人的科学性和有效性，培养学生体育兴趣和终身运动爱好，落实立德树人，上海于2015年启动"小学体育兴趣化、初中体育多样化"课程改革，2018年上海市教育委员会印发《上海市小学体育兴趣化、初中体育多样化课程改革指导意见》，力求通过指导性文件，明确课程改革指导思想，厘清相关概念，提出课程改革落实的要求和细则，推动上海市学校体育"小学体育兴趣化、初中体育多样化"改革全面开展。

时至今日，"小学体育兴趣化、初中体育多样化"课程改革经过三批试点学校的改革实践与总结，已在全市中小学全面开展，覆盖了所有公办学校。由于上海初中、小学数量多，学校体育基础各异，各学校在推进课程改革过程中，出现了体育课程落实上的参差。有些学校扎扎实实推进课程改革，重视体育对学生全面发展的重要作用，积极开发课程资源、以现代化的理念带动体育教育教学改革，但也有部分学校还没有正确认识到体育课程改革的落脚点，使课程改革的实施简单化、片面化。

因此，第三方评估标准的制定也应以促进上海市"小学体育兴趣化、初中体育多样化"课程改革的落实与推进为目标，在评估指标选择上应呼应《指导意见》，通过第三方评估专家公正客观的考察评判，帮助各学校提高认识，更好地推进课程改革，确保课程改革政策不走样、不打折，使各中小学能够围绕《指导意见》的内容开展体育课程改革，打破体育课程教学的固有思路，大力改革和创新"以体育人"的方法手段，满足学生高质量体育学习的需求，提升学生核心能力和素养，促进青少年学生全面发展。

(三) 微观层面：促进学校体育改革的精细化开展

体育课程改革是一个多维度、多因素的系统工程，涉及学校管理、学校教育理念、校本课程资源开发、学校体育文化、体育师资力量、课内和课外体育学习的协调与衔接等。由于涉及的要素众多，校方要想全面优质地落实课程改革，必须深入、系统地梳理学校体育发展的历史、积累、特色，进行顶层设计并持续改进。

因此，上海市学校体育课程改革第三方评估标准的制定需要全面、深入、细致，使各中小学校能够依据标准，合理构建课程改革实施的维度，设计相应的活动，"以评促建、以评促改"，查找自身体育工作上的问题，主动推进学校体育课程改革的落实工作。促进学校体育工作的精细化开展。

三、上海市学校体育课程改革第三方评估标准制定的原则

(一) 评估标准的科学性

科学性原则是制定评估标准以衡量教育质量及学校体育课程改革质量的重要原则之一，它要求制定标准时要符合学校体育课程改革发展的一般规律和实际，要有科学方法和科学的理论依据。在研制过程中，制定者要深入了解其基本理论概念，明确自身立场。坚持科学性原则，保证学校体育课程改革的质量，保证评估标准制定的合理性、

客观性，从而增强实际开展过程中的针对性和有效性。评估标准的制定应充分考虑上海市学校体育课程改革的独特性和全面性，确定好主线，并围绕主线将学校体育课程改革的主要内容与功效都纳入评估标准之中。

（二）评估指标的指导性

指标的选定经过多重考量，做到突出重点、易对标、易操作，能够使中小学通过对标评估指标，判断学校自身的发展状况，查找问题，持续改进。在上海市学校体育课程改革过程中，评估标准发挥着重要的指导作用。评估标准制定的指导性原则在课程改革内容设计、实施中都有一定体现，区域层面的课程改革整体的推进情况、课时落实情况、改革中的特色与创新点、学校层面的体育课程的设置、课堂教学的内容、活动课程的组织安排等，都与其评估标准的指导功能有一定相关性。指导性原则保证了学校体育课程改革的开展不偏离正确的航道，并在课程改革出现问题和停滞等现象时进行及时地指正和弥补。

（三）指标使用的独立性

评估标准制定的独立性原则包括两个维度，一是学校自评的独立性，二是第三方评估专家研判的独立性。一方面，学校自评的独立性，是学校对自身体育工作各个方面的真实评测，其中包括：评测体育分管领导对学校体育工作以及组织学校体育课程与体育活动的开展的综合作用；评测学校体育教师教学能力，可具体到教师的教学设计、教学内容、教学方法与手段以及教学组织形式；评测学校学生的学习能力及学习效果。另一方面，第三方评估专家的独立研判，不仅局限于单个学校或学校群体，而是关注整个上海市学校体育课程改革的总体进展、成果以及各个方面的推进成效，在整体上对学校体育课程改革进行评测，从区域层面到学校层面再到教师、学生层面，由上到下，做到对每个部分的进展、成效、问题、改进形成结构化的评测模式。因此，这两个维度既相互独立，又共同推动上海市学校体育课程改革稳步向前，并且取得了显著成效。

第二节 上海市学校体育课程改革第三方评估标准的主要内容

一、中小学体育课程改革评估

（一）突出体育课程改革的政策指向

为了更好地呼应国家对学校体育改革的要求，有效推进"小学体育兴趣化、初中体育多样化"课程改革的实施，上海市教委自2015年起颁布了多个文件来指导上海学校体育课程改革的推进工作。其中，《指导意见》从课程改革的重要意义、课程改革的要求、课程改革的基本任务、课程改革的措施保障等四个方面对"小学体育兴趣化、初中体育多样化"课程改革的推进与实施进行了明确的说明，特别是在课程改革的基本任务部分，对"小学体育兴趣化、初中体育多样化"课程理念、教学目标、课程资源、教学方式、教学方法、评价改革等六个方面进行规约，蕴含了大量的体育课程改革的信息。2020年上海市教委又与时俱进地对《指导意见》的试行版进行了修正。目前该《指导意见》已成为各学校"小学体育兴趣化、初中体育多样化"课程改革的行动指南，各中小学深入解读指导文件，围绕《指导意见》开展教研活动和教师培训。

除此之外，在保证学校体育课程改革的学时上，上海市教委也逐步出台了文件。例如，2020年1月，上海市教委等六部门联合出台的《上海市中小学体育工作管理办法》提出，按学段实施"兴趣化、多样化、专项化"体育教学，小学一到三年级每周落实4节体育课，有条件的学校在2020年底前，覆盖至四到五年级。实施体育家庭作业，要求学生每天体育运动时间不少于1小时。2021年5月《上海市教育委员会关于进一步加强中小学生体质健康管理工作的通知》（沪教委体〔2021〕22号）指出，自2021年9月起，小学阶段学校每天开设1节体育课，鼓励初中、高中逐步增加课时，保证学生有充足的课内体育锻炼时间，不得以任何理由挤占体育与健康课和校园体育活动。目前上海的小学已全部落实每周5节体育课、2节活动课；初中也相应增加了体育课时。

总体上，上海市出台的相关的文件和政策指向，保证了上海市学校体育课程改革质和量。《指导意见》不仅仅是课程改革落实的行动指南，更应该是评估标准制定的重要着眼点，突出上海市教委对学校体育课程改革的政策指向性。

（二）重视体育课程改革的过程考查

课程改革不是一蹴而就的，是一个逐步推进、反馈、持续丰富和改进的过程，需要校方和体育学科教师持续努力和付出，因此对课程改革的评估，不仅要考查当下的改革成绩，更要考察校方的持续改革的机制和证据。

课程教学是学校体育课改实施的落脚点，教师和教研组对课程教学的安排和落实尤为重要。因此，评估特别重视对课程教学执行的考查，主要考查教研室对课改是否系统性、有计划地推进和落实，包括教学文件、教学设计和教研活动。

教学文件包括教研组工作计划、各年级教学进度表、课程计划、教学大纲、学生专业技能培养方案、教学进度计划、课程表、教学任务书等，包括常规教学管理中对课改精神内容的落实。教学设计，主要是各年级单元教学设计（参照单元教学设计指南），目的是查看课改精神和内容要求，在课堂教学中系统化地体现。教研活动，主要查看教研组是否围绕课改的指导意见，有计划、规律性地进行学习、理解、解读，提高对课改的认识，统一思想，发挥集体教学的智慧，创造性地开展课程改革活动。教研组应组织本组教师，研究教学内容、教学方法、学情，指导本组教师备课、上课、教研等，从常规工作检查到教学质量把关都要落实到位；教研组应在每次教研活动中，保证教师的主体地位，提高教研活动的开展质量，从而激发体育教师参加教研活动的积极性、主动性、创造性。

（三）关注课外体育活动对改革的呼应

活动课程是学校体育育人的重要环节，起到丰富学生运动体验、濡化体育文化、促进运动技能掌握、形成体育爱好的重要作用。《指导意见》要求小学生每周有5节体育课和2节体育活动课，强调校方应充分利用上海市丰富的教学资源和教学条件，面向全体学生建设特色化体育活动课。课外体育活动内容的多样性、组织形式的灵活性和空间领域的广阔性，为学生的自主选择提供了必要的条件。学生可以在自己喜欢的环境中，采用自己喜欢的方式和手段从事体育活动，感受到自我的存在、发展和价值，培养学生自主自发进行体育锻炼的能力，理解体育锻炼的必要性，养成科学健身的良好习惯。

对活动课程的考察，目的主要在于考察学生课外体育活动与体育课程改革的呼应，考查学校利用校内外资源满足学生个性化体育文化学习需求，整合上海市教育方针和上海市学校体育课程改革精神，并切实落实，体现学校将体育课程改革与学校教育特色、学校体育传统相融合的程度。考查内容主要包括组织形式、内容安排、执教教师的资质水平，以及执教教师对上海市学校体育课程改革的了解和理解。

（四）突出校园体育对课程改革的补充

校园体育活动是学生利用课余时间，以个人或集体的形式，通过自身的身体活动，使身心得到发展的活动，是对课程改革的补充。目前，上海市学校体育有很多种形式，如校运动会、体育节、体育周、体育社团以及以项目为主的单项竞赛等。这些多种多样的活动形式不仅是学校体育的一种补充，对于学校体育课程改革也是一种完善。

校园体育活动可以培养学生的群体意识、人际交往能力，促进其养成文明礼貌的行为习惯；有利于培养学生对体育的兴趣和爱好，提高自我锻炼的能力，为终身体育奠定基础。开展校园体育活动有利于培养学生的自主性、独立性，促进学生个性的全面发展。目前，体育课教学中，教学的目的、任务、内容、方法等，基本是由教师确定的，学生多处于被动接受的地位。这样不利于培养学生的自主性、独立性，以及个性的全面发展。而校园体育活动则可以给学生更多自由选择的机会，满足现代教育对培养学生自主性、独立性以及全面发展学生个性的要求，有利于培养学生成为具有主体意识、有个性的一代新人。

因此，对上海市学校体育课程改革的评估，不能忽视对校园体育活动组织的评估，要使各学校聚焦体育学科核心素养，挖掘校内外资源，因地制宜、分层次、分阶段地开展丰富的体育课程和活动，将校园体育活动作为对课程改革的补充，更大程度地促进学生体能与技能均衡、全面地发展。

（五）推动体育课改实施的特色与创新

创新是海派文化的精髓，也是上海市学校体育的不懈追求。创新贯穿了上海市学校体育教育的各个层面，是上海学校体育发展的生命线，是海派学校体育文化得以卓越发展的关键所在。2015年，上海市学校体育首开全国之先河，提出"小学体育兴趣化、初中体育多样化"体育课程改革举措，对中小学体育课程提出了方向性的要求。但"小学体育兴趣化、初中体育多样化"课程改革的具体落实，需要各个学校管理层、教师团队在深入理解课程改革主旨、精髓的基础上，根据自己学校的教育理念、教育特色、体育教育人财物的基础，创新性地开展符合学校条件的个性化课程改革，探索适合自己学校实际的"小学体育兴趣化、初中体育多样化"课程改革的方案，在实践中大胆创新，整合学校体育与健身教育资源，有序推进课程改革实践。目前，上海市中小学借"小学体育兴趣化、初中体育多样化"课程改革推进落实为契机，积极开拓教学思路，设计符合自身学校特点的特色教学内容，努力做到学校体育工作有特色、有创新。

因此，科学地评价课程改革的创新性，对于激发各中小学立足自身特点，个性化地推进"小学体育兴趣化、初中体育多样化"课程改革，自觉落实上海市学校体育课程改革具有积极的促进作用。

二、教师体育课堂教学评估

每一节课的课堂教学组织与教学效果都是上海市学校体育改革是否落实的真实反映。对课堂教学的观摩评价是第三方评估不可或缺的内容。课堂教学评价具有导向功能，能够促进课堂教学改革，促进教师尽快转变教育思想，在课堂教学中更好地发挥教师的创新意识，把课堂交给学生。

(一) 关注以学生为中心的学习效果

上海市学校体育课程改革体现了以学生为中心的教育理念，学校体育课逐步实现真正把课堂交给学生，但这样的上课模式是否有效、是否促进体育教学、是否促进学生积极参与体育课，还需要从以下四个方面开展评估。

1. 自主学习能力

自主学习是通过学生自己确立学习目标、自我监控、自我克服困难等手段来实现的。其最大的特点是学习者本人求知欲强，学习目标明确，学习兴趣浓厚，积极性高，能选择适合自己的学习方法，能够自觉积极地投入课堂练习。学生的长远发展离不开自主学习能力的培养，自主学习能力是个体走出学校后采取的主要学习方式，没有自主学习能力，个体的终身发展会受到极大的限制。在学习过程中学生要坚持自觉主动的学习态度，课前充分预习、发现问题、研究问题，课堂中认真听课、积极参与发言、解决问题，课后自觉概括知识要点、循序练习、及时复习并纠正学习过程中所出现的错误，客观地评价学习效率。同时，学生在学习过程中不断地勉励自己、挑战自己，不断地通过各种学习资源来摄取更丰富的知识。学生具有了这种自主学习能力，可以极大地提升自己的学习效率和学习效果。

2. 感知体验能力

感知体验是学生的一种实践行为，是亲身经历的动态过程，是促进学生发展的重要途径，能够激发学生持续进行体育锻炼的兴趣，让学生有成功愉悦的运动体验。学生通过体育课获得良好的运动体验，促使学生个体不断产生新经验、新知识，形成积极的人生态度，最终促进学生的个性成长。因此，感知体验能力作为一种评价方式是非常必要的。不仅如此，对于教育本身，感知体验能力更强调以人为本，把学生作为完整意义上、有独立人格的人，充分发挥他们在体验活动的主动性和积极性，培养他们在实践和活动中的实践能力和创新能力。其次，感知体验是自身实践与内心表达相互促进的过程，缺一不可。因此，它注重用心体验，用心感悟，引导学生在体验中把教育要求内化为品质、外显为行为。

3. 主动参与能力

学生每学期能够主动参加一到两个体育社团和一至两项班级、年级以上的体育比赛。新课程改革纲要提出的"主动参与"意在明确在教学中必须充分重视学生的主体地位，调动学生的主动性和积极性，使之主动、积极地参与各种教学活动。这对于促进学生的全面发展具有非常重要的意义。首先，有利于促进学生对知识、技能的掌握。在教学这一特殊认识活动中，学生居于认识主体的地位。教学的根本目的也在于使学生掌握知识、技能，形成各种能力并获得全面发展。可见，在学校体育活动中学生自身是否能够主动、积极地参与体育活动将直接决定着他们掌握各类知识、技能的质量和效率。其次，有利于学生各种能力的发展。如果学生能主动、积极地参与各种体育活动，那么学生参与与他们各种能力密切相关的活动的机会将会增多，活动质量将会显著提高，这将利于学生的各种能力的形成与发展。最后，学生能主动积极地参与体育社团、体育比赛等活动，对于他们开展人际交往、合作与交流的意识和能力以及情感、情绪和性格等非智力因素的良好发展也是非常有利的。

4. 自主锻炼能力

每堂课中有8—10分钟的基本体能练习，以提升基本运动能力，为自主锻炼行为奠定基础。自主锻炼是指学生能够运用所学的各种锻炼身体的方法和理论，独立自主地进行体育锻炼，以达到强身健体的目的。自主锻炼是一种意识，体育老师应该时刻注意学生的这一意识，积极引导学生培养这种意识，引导学生勤思考、多分析，培养学生自我锻炼的能力。通过这样的方式为学生自主锻炼意识的形成奠定基础。

（二）强调教学过程对课改宗旨的落实

《指导意见》围绕"兴趣化""多样化"两个关键词，对体育教学过程提出了细致的要求。以"兴趣化"为例，《指导意见》的要求主要包括以下内容。

1. 教学设计兴趣化

教学整体设计要体现兴趣化改革的思想，注重学习内容、教学组织、教学手段与方法等方面的兴趣化。兴趣是学生最好的老师，没有兴趣会使学生参与体育活动的积极性以及学习效率降低。学生被迫地参与教师安排的体育教学活动更会使教学效果大打折扣。是否乐于上体育课，是否愿意坚持做体育运动，取决于学生对体育本身的兴趣是否浓厚，兴趣越大，教师和学生越能在课堂上更好地互动，并一起实现最终的教学目标。这就要求体育教师先设计有趣且能吸引学生的课堂活动，激发学生内在的运动兴趣，促使学生愿意主动、自信、积极地参与教师所安排的每一项体育活动，从而提高体育教学效果。不仅如此，在专项性活动中，体育游戏具有较强的实效性，不但能较好地发挥准备活动的作用，而且能提升学生的学习积极性。

2. 教学内容游戏化

开发集体性、趣味性运动游戏，将民间民族体育融入教学内容；高年级每堂课要引入 3—5 个游戏。体育游戏的正确运用，可以提升学生的兴奋性，尽快进入体育技能学习状态。体育游戏在准备活动中，应紧紧围绕其目的，有选择地穿插使用。使学生的兴趣、注意力、身体机能活动水平有一个逐步适应提升的过程。体育游戏在技术教学中的使用，能够改善教学气氛，使单调、枯燥的练习变得生动、活泼，提升学生学习的积极性，促进运动技能的形成。不仅如此，在整理活动时，体育游戏对于心理、机体的放松具有独特的成效。融健康有趣、协调放松、轻松愉快于一体的游戏性放松活动，能缓解大脑皮层运动神经的兴奋，使运动器官得到放松与恢复，使人恢复到较好的身心状态。

3. 教学方法趣味化

趣味性教学在体育教学活动中具有重要意义，通过情景创设、开展游戏竞赛、运用现代教育信息技术等多种方法营造趣味课堂，不仅可以提升学生体育技能知识的学习效率，而且更能集中注意力用心练习，使技能的学习事半功倍。在体育课中穿插趣味性的体育教学有利于学生放松身心，从长时间的枯燥学习中解放出来，缓解学习带来的疲惫和焦虑，调节身心，保持愉悦的心情，提升学生的身体素质和心理素质，为学生在面对更大的学习压力时保持适应性打下坚实的基础。

4. 教学组织灵活化

组织形式灵活多变，倡导小班化教学。教学组织能力是指在课堂教学中，教师通过管理课堂秩序，集中学生注意力，激发学生的学习兴趣，调动学生的学习积极性，来创设适宜的教学情景，提高教学效率，达到教学目标的一种能力。课堂组织能力是一种综合能力，事关教学质量的高低和教学效果的好坏，需要教师灵活、恰当地运用各种教学技巧。在体育课的特殊时空里，不同个体的学生的欲求也是多种多样的，体育课堂成为了学生焕发生命活力的重要场所。善于组织教学的教师，在课堂上能根据教育规律和学生心理特点，巧妙运用各种教学手段，对教学内容做出合理安排，形成适宜的教学情景。相反，如果教师不善于组织教学，学生在课堂上就会注意力分散，兴趣不高，被动听课，这种状态势必影响教学效果。因此，灵活的教学组织能力在新课改的实施过程中是值得创新和向前推进的。

除此之外，上海市学校体育课程改革还强调教师教学风格个性化：包括教师风趣幽默，有自己独特的教学风格。苏霍姆林斯基在《和青年校长的谈话》一书中写道："一个无任何个性特色的教师，他培养的学生也不会有任何特色。"有个性的教师，能造就有个性的教育。因此，培养教师的教学个性，对于其专业成长和学校的教育发展都是至关重要的。教师的教学个性是教师在教学过程中，在对教学内容和学生情况进行充分分析的基础上，将教学规律和自身性格特点相结合，对课堂教学进行创造性的设计，在长期的教学实践中逐渐形成的相对稳定的、较为独特的一种教学特色。教师的教学个性，是教师个性心理特征和创造性思维在体育课堂中的集中体现，是在教师的个性基础上，发挥自己的特长而进行与众不同的教学活动，是教师根据自身的实践经验，通过认识规律、发挥个人优势进行创新而形成的具有自身鲜明个性的教学风格。它影响着课堂中教学内容、教学形式、教学风格的呈现形式，与课堂教学效果和学生学习效果之间有着密切的联系，同时也是影响学生个性发展的重要因素之一。

因此，体育课程改革评估内容必须与《指导意见》中相关要求相适应。

（三）量化体育课程改革的教学效果

为进一步帮助中小学体育教师理解"小学体育兴趣化、初中体育多样化"课程改革的主旨，在教学实践层面落实课程改革的目标，《指导意见》特别针对体育教学过程提出了几个关键性的量化指标

（表 4-1），包括课时量化的最低要求、教学手段的量化要求、练习密度与强度的量化指标、教研活动的频率等。这些指标对体育教师具有规范和指导意义，也是必须要量化评价的内容。

表 4-1　上海市学校体育课程改革指导意见中的量化指标

类别	内容	关键指标
课时	小学每周 5+2 的课时安排模式	每周 5 节体育课、2 节体育活动课
	初中每周 4+1 的课时安排模式	每周 4 节体育课、1 节体育活动课
教学内容	小学低年级教学注重以体育游戏融入各种身体基本活动类型、活动方法及活动规则为主的教学内容选配	
	小学高年级体育课程	每堂课在主教材中引入游戏性手段 3—5 个
	初中体育课程	选择 5—7 个运动项目作为主要的教学任务
教学安排	主教材所采用的教法手段	每堂体育课 5—7 个
	体能锻炼	每次课 8—10 分钟
运动强度	练习密度	基本达到 50%
	练习强度	每次课的 50%时间达到中等以上的运动负荷强度
教研活动	校内专题教研活动	每 2 周 1 次
	校际教研活动	每月 1 次

（四）追求课程实施的特色与创新

一直以来，为了实现体育教育强身健体、培养人格、传播文化的教育目标，上海市学校体育在教育行政管理、学校教育管理和教师教学管理等几个层面，积极发挥专业人士的聪明才智，在课程设置、教学形式、教学方法、教学模式、教学评价等方面不断推陈出新。

1. 教学模式创新

优化教学环境，创设开放式、多元化教学模式，创建现代教育信息技术和网络教育资源新型教学模式。

（1）利用多媒体信息化技术培养学生的体育兴趣。部分学校体育教师在教学时抓住了中小学生对于体育和多媒体教学的好奇心，将体育教学内容通过大屏幕直观展现在学生面前，通过动静结合的方式，将信息完整快速地传达给学生，这种方法既能节约时间，又可以全面刺激学生的感官，让学生在体育学习方面变被动为主动，引导他们在娱乐和游戏中学习相关体育知识。

（2）利用多媒体信息化技术夯实学生的学习基础。在上海市学校体育课程改革过程中，部分学校教师在教学时将多媒体工具充分运用起来，利用分解动画、思维导图等方法加深学生对动作要领、运动技巧和安全知识等基础内容的学习。在教学思想、教学设计、教学内容、教学方法方面充分体现兴趣化特点。

2. 器材创新

结合体育运动学习规律及动作结构，研发适合兴趣化教学的教学器材。常规体育器材的竞技色彩较为浓厚，并且需要学生具备一定的运动技术水平，对运动场地也有一定的要求。比如大球类器材，学生需要在长期的学习和锻炼之后才能熟练掌握此项运动技术。器材创新可以避免有些运动项目因为学校自身条件无法开设的情况。因此，这就需要通过自制创新一些简易的器材来激发学生兴趣、调动学生参加体育活动的积极性。当然，体育课上体育器材的运用和创新要注意贴近学生生活，关注学生的生活经验，也要根据学校条件及教师能力、学生兴趣作适当选择，以促使学生主动积极参与体育活动，培养学生兴趣和爱好。

3. 兴趣化特色

学校已形成开展兴趣化课程实施的特色，有目标、有计划、有针对性地进行立德树人教育，有可借鉴、可推广的经验。通过"完善工作机制、深化课程改革、盘活优质资源、打造体育品牌"等举措，推动体育课堂兴趣化教学，满足学生个性、特长发展的需要，让每一个孩子都真正喜欢体育、爱上体育。学校体育工作者对学生的身心发展特点和发展阶段都非常地关注，并采取了分层、分阶段的体育内容的安排以及体育内容的轮换，核心观念是让学生能尝试不同的体育项目，以此找到体育兴趣所在，进而培养学生参与体育的乐趣、兴趣和志趣。学校体育教师还可拍摄制作居家体育锻炼微视频，配合文字说明指导学生居家体育锻炼。通过将日常居家用品变为锻炼器材，进一步指导学生进行居家锻炼，将"兴趣化"课改实践延伸至校外。

以上这些创新性教学行为应该受到更多关注，引导中小学体育教师深化改革，提高教学质量，促进学生体育素养提升和体质健康提高。

第三节　上海市学校体育课程改革第三方评估指标体系的构建

一、评估指标的初拟

（一）评估指标初拟的方法与过程

聘请上海市学校体育专家，成立"上海市学校体育课程改革评估指标体系研究专家组"。专家组成员通过查找和阅读国内外相关的学校体育课程改革的文献资料，结合《指导意见》，确定评估指标。第一步：确定评估指标的一级指标，其中"中小学体育课程改革评估指标"包括"课程设置、课程教学、活动课程、训练和竞赛、特色与创新"五个维度;"教师体育课堂教学评估指标"包括"学生为中心的学习效果、教师教学能力、教师教学效果、教学特色与创新"四个维度。第二步:在各个一级指标下,确定评估的子维度(二级指标)。第三步:细化各子维度的表现性指标。第四步:请一线体育教师、教研员、体育院系教师组成的专家团队,对学校体育课程改革的落实和体育教师课程教学情况两个部分的指标进行讨论,力求准确地对指标进行描述。最终,讨论确定上海市学校体育课程改革评估初拟的"指标池",以供专家借助德尔菲法,对指标体系进行筛选。

(二) 中小学体育课程改革评估指标初拟

中小学体育课程改革评估指标包括课程设置、课程教学、活动课程、训练和竞赛、特色与创新五个维度。

1. 课程设置维度

课程设置维度包括"课程安排"和"课程类型"两个部分。

课程安排上,专家组关注各学校对《指导意见》中所要求的每周体育课和体育活动课课时安排的落实,要求落实小学"5+2"、初中"4+1"课时模式,即保证一天一节体育课的有效实施,并且要求在每周课表中,体育课和活动课的安排要科学合理,符合人体运动的规律和体育学习的规律。

课程类型上,专家组强调各学校既要严格落实和执行国家课程(市级课程),又要兼顾区本体育课程和校本体育课程,包括社会购买服务课程的安排,体现课程的多样性。

2. 课程教学维度

通过各学校相关教学文件的呈现,专家组检验中小学在落实体育课程改革过程中,教研组学习体育课程指导文件、研读课改宗旨与精神的系统性情况。相关指标包括,教研组工作计划、各年级教学进度、各年级单元教学设计、教研活动记录等。强调学校对体育课程改革持续学习、改进提高的扎实过程。

3. 活动课程维度

专家组考查体育活动课的形式与质量,包括"组织形式""内容安排""执教教师"三个方面。在组织形式上,要求学校明确设计全校性、各年级、各班级的体育活动课,以及是否设置走班制的体育活动课。在内容安排上,要求学校呈现各个学期体育活动内容的安排表。在执教教师上,强调要有足够的教师数支持体育活动课的开展,如果学校聘请了兼职教师,包括校内非体育教师和校外外聘教师,必须具有相应的资格证书和资格证明。

4. 训练和竞赛维度

专家组考查"竞赛类型""竞赛项目""运动队建设"三个方面。在竞赛类型上,强调竞赛的丰富性,包括校运动会、体育节、体育周、体育社团等,要求学校提供校内比赛名称与时间一览表。在竞赛项目上,要求学校提供以项目为主的单项竞赛表及相关竞赛组织的文件。在运动队建设上,重点考查校运动队项目、人数、训练次数、时间安排、获奖情况等。

5. 特色与创新维度

专家组强调各学校要突出传统特色,形成"一校一品""一校多品"的独特性,以及各学校在落实"小学体育兴趣化、初中体育多样化"的过程中在组织机制、课程设置、教学模式、校内外一体化等方面的系统性创新成果。

(三)教师体育课堂教学评估指标初拟

教师体育课堂教学评估指标包括关注"以学生为中心的学习效果"、量化"体育课程改革的教学效果"和"课程实施的特色与创新"

三个维度，子维度的表现性指标如下。

1. 学生为中心的学习效果维度

（1）自主学习能力。学生学习兴趣浓厚，积极性高，85%以上的学生自觉积极地投入课堂练习。自主学习是通过学生自己确立学习目标、自我监控、自我克服困难等手段来实现的；在学习过程中采取自觉主动的学习态度，课前充分预习、发现问题、研究问题；课堂中认真听老师讲解、积极练习、解决问题；课后自觉重复相关动作、循序练习、及时复习并纠正学习过程中所出现的错误，客观地评价学习效率。学生具有了这种自主学习能力，可以极大地提升自己的学习效率和学习效果。

（2）感知体验能力。激发学生持续进行体育锻炼的兴趣，每堂课80%以上的学生有成功愉悦的运动体验。感知体验是学生的一种实践行为，是亲身经历的动态过程，是学生发展的重要途径。通过体育课获得良好的运动体验，会促使学生个体不断产生新的经验、新的知识，并由此发展学生适应自然与社会的能力，形成积极的人生态度，最终促进学生的个性成长。因此，感知体验能力作为一种评价方式是非常必要的。

（3）主动参与能力。学生每学期能够主动参加1—2个体育社团和1—2项班级、年级以上的体育比赛。新课程改革纲要提出的"主动参与"意在明确在教学中必须充分重视学生的主体地位，调动学生的主动性和积极性，使之主动、积极地参与各种教学活动。这对于促进学生的全面发展具有非常重要的意义。

（4）自主锻炼能力。每堂课中有8—10分钟的基本体能练习，提升学生基本运动能力，为学生的自主锻炼行为奠定基础。自主锻炼是指学生能够运用所学的各种锻炼身体的方法和理论，独立自主地进行体育锻炼，以达到强身健体的目的。自主锻炼是一种意识，体育老师应该时刻注意学生的这一意识，积极引导学生培养这种意识，引导学生勤思考、多分析，培养学生自我锻炼的能力。

2. 量化体育课程改革的教学效果维度

（1）教学目标全面明确。教学目标符合实际，促进学生身心全面发展。教学目标是教师根据教学目的、内容及学生实际而制定的一种具体要求和标准，是课堂教学的方向，是一堂课的灵魂，是判断教学是否有效的直接依据，所以教学目标在制定时必须明确、具体。教师要吃透教材，把握重点、难点，找准切入点、突破口，统筹安排，整体把握。教学过程中，师生的教与学的活动都应围绕教学目标开展，以学生为主体组织，通过相应的自主、合作学习，达成目标。

（2）调动学生主动参与有效程度。80%以上同学掌握基本运动方法，能自觉进行自主锻炼。实施新课程改革的关键是使学生有更多自由发展的空间，培养他们探索创新、获取更多知识和能力，使他们能自觉主动地参与体育活动。因此，老师不但要帮助学生"学会"，更重要指导他们"会学"。学生的主体地位的体现以及学生的主动性和积极性的提高，对于促进学生自身的全面发展具有非常重要的意义，也更有利于学生对知识、技能的掌握。

（3）练习的密度。全课密度在50%以上，基本部分密度在35%左右。练习的密度是指在一节课中，练习时间与实际上课的总时间的比例。在体育课上应该从加强学生做练习这一环节出发，将密度控制在50%左右为宜，促进学生更有效地掌握运动技能、增强体质，完成学习目标，不断增强体育课的教学效果。

（4）运动强度。每次课50%的时间达到中等以上的运动负荷，平均心率要控制在140—160次/分，该水平的运动强度对心肺机能有促进作用。事实证明，体育课是提高学生身体素质的重要渠道，保证体育课的运动强度是基础。

3. 课程实施的特色和创新维度

（1）教学模式创新。优化传统教学模式，形成开放式、多元化教学形态，创建现代教育信息技术和网络教育资源新型教学模式。在教学思想、教学设计、教学内容、教学方法方面充分体现兴趣化和多样化特点。

（2）器材创新。配合兴趣化、多样化体育教学研发独创性教学器材。

（3）学校兴趣化、多样化课程改革特色。学校已形成多样化课程实施特色，有可借鉴、可推广的经验。

二、评估指标的筛选与确定

（一）评估指标筛选的流程

1. 建立德尔菲问卷

依据专家对上海市学校体育课程改革的深度研究以及研判，初步拟定上海市学校体育课程改革评价的第一轮问卷。

2. 遴选相关专家

来自上海体育学院、上海师范大学、华东师范大学的学校体育领域的专家学者、市区级教研员、上海市中小学正高职教师、特级教师共计17人，组成专家组，通过德尔菲法对评估指标进行筛选。

3. 使用德尔菲法分析指标

向专家发放问卷，回收后计算各指标得分的标准差 δ、变异系数 V、满分比、均数 x 和界值等，V 界值 $= x + \delta$；计算满分频数界值与 x 界值的公式均 $= x - \delta$；再将 V、满分比和 x 与其对应的界值进行比较，V 值小于界值则入选；满分频数值、x 值大于界值则入选，三个指标均不符合才进行删除，并参考专家的建议和补充，对指标进行具体调整。若所有专家对各项指标不存在异议；收集的数据显示各项指标无需删除；协调系数较高且检验后呈显著，此结果可取，完成并结束专家咨询。

(二) 评估指标筛选的质量管理

1. 评估指标筛选质量管理的方法

第一，确保专家咨询问卷评价指标的质量。在设计专家咨询表前要充分做好准备，拟好体育师范生信息化教学能力指标的初稿，以个人访谈的形式广泛听取多个专家的意见，经过专家提点后修改完善。

第二，确保问卷填写的质量。在收集完发出的问卷后，注意检查各项信息是否填写完整，如出现漏填现象，及时找专家确认并补充完整；无法填补的则视为无效问卷。对于所有指标都处于同一评分等级，则需要向专家确认是否有误，及时调整。

第三，确保统计数据的质量。把调查后的数据导入 SPSS（Statistical Product and Service Solutions，"统计产品与服务解决方案"软件），输入完毕后进行 2 次及以上数据准确性和逻辑性的校对，确保问卷数据质量，防止后续统计结果出现错误或遗漏。

第四，对专家问卷数据中专家咨询积极系数、专家意见协调系数、专家权威系数等指标进行检验。

(1) 专家咨询的积极系数。专家咨询的积极系数高低反映了专家对本次研究的重视程度与进行指标评价的积极性。专家积极系数 = 回收专家问卷数/发放的专家问卷数。

本研究共发放两轮德尔菲咨询问卷，第一轮发出问卷 17 份，一共回收 17 份，回收率为 100%；第二轮发出问卷 17 份，一共回收 17

份，回收率达到 100%，这表示专家对该项目研究比较关注，参与咨询的积极性高。问卷结果如表 4-2 所示。

表 4-2 两轮德尔菲咨询积极系数

项目	发放份数	回收份数	回收率
第一轮	17	17	100%
第二轮	17	17	100%

（2）专家咨询意见的协调系数。意见协调是指专家关于指标重要及可行性的意见基本没有分歧。用变异系数 V 和 Kendall's W 来表示，V 越小说明专家给予问卷指标的评判越趋向统一。

变异系数计算公式为：$V_j = \dfrac{\delta_j}{\bar{x}_j}$；

标准差的计算公式为：$\delta_j = \sqrt{\dfrac{1}{m_j-1}\sum\limits_{j=1}^{m_i}(c_{ij}-\bar{x})^2}$

当专家的评价不存在相同等级评定时，

W 的计算公式为：$W = \dfrac{12S}{K^2(N^3-N)}$， Kendall's W $(0 \leqslant W \leqslant 1)$

当专家给出相同等第评价时，W 的计算公式为：

$$W = \dfrac{S}{\dfrac{1}{12}K^2(N^3-N) - K\sum\limits_{i=1}^{K}T_i}$$

$$T_i = \sum_{i=1}^{m}\dfrac{(n_{ij}^3 - n_{ij})}{12}$$

协调系数的显著性检验 χ^2 的计算公式为：

$$\chi_R^2 = \dfrac{1}{mn(n+1) - \dfrac{1}{n-1}\sum\limits_{i=1}^{m}T_t}\sum_{j=1}^{n}d_j^2 - \chi^2(n-1)$$

通过查找 χ^2 值表中的临界值 χ_a^2，若 $\chi_R^2 \geqslant \chi_a^2$，则认为协调系数呈显著，专家给予指标评判的意见协调度较高，具有可信度。若 χ_a^2 值越小，且 $P > 0.05$，则可以认定专家咨询意见的置信度差，得出的结果不具有可取性。

本研究对两轮上海市学校体育课程改革评价能力指标的协调系数进行统计分析及显著性检验，并将两轮专家意见的协调系数进行比较，结果如表 4-3 中所示。本次德尔菲问卷专家意见的协调系数，第一轮咨询结果 Kendall's W 为 0.13，经检验 $p < 0.05$，反映专家对指标重要程度的意见存在分歧，协调程度不是很高。通过一轮指标筛选，第二轮咨询结果 Kendall's W 为 0.16，经检验 $p < 0.05$，和第一轮相比，协调程度有所提高，表示专家对指标重要程度的看法逐渐趋于统一，问卷具有较高可信度。两轮协调系数 χ^2 检验的 p 值均小于 0.05，表明在 95% 的置信度下，这些专家对于问卷指标的评判意见协调性好，结果可信。

表 4-3 两轮专家咨询的协调系数比较

指标	第一轮咨询	第二轮咨询
协调系数 W	0.13	0.16
卡方值	97.82	103.84
p 值（渐进显著性）	0.000	0.000

（3）专家权威程度

本研究专家权威性取决于专家对指标的判断依据和熟悉程度，采取自评方式，用 C_r 表示权威系数，C_r 的值越大，则表示专家权威程度越高，$C_r > 0.70$ 则认为咨询结果有效可靠。

权威程度系数计算公式为：$C_r = \dfrac{C_a + C_s}{2}$

专家对指标做出评价的判断依据分别从实践、理论、同行了解以及主观这四个角度进行自我评价。用 C 表示判断影响程度系数。判断依据自评量化表如表 4-4 所示。

表 4-4 专家判断依据自评量化表

判断依据	量化值	判断依据	量化值
实践经验	0.80	国内外同行了解	0.40
理论分析	0.60	主观判断	0.20

将专家对指标的熟悉程度划分成六个等级,用 C_s 表示熟悉程度系数,熟悉程度自评量化表,如表 4-5 所示。

表 4-5 专家对指标熟悉程度自评量化表

熟悉程度	量化值	熟悉程度	量化值
非常熟悉	1.00	一般	0.40
很熟悉	0.80	不太熟悉	0.20
熟悉	0.60	不熟悉	0.00

本研究在遴选权威专家时有很强的针对性,所选专家均在学校体育课程改革领域有丰富的经验,部分专家也开展了与教学能力培养相关的研究,对此项研究相对熟悉,因此回收的问卷具有高质量。

采取自我评价的形式衡量专家权威程度,根据专家自身对问卷判断依据和熟悉度的评价结果,统计出判断系数 C_a、熟悉程度系数 C_s 和权威系数 C_r。两轮咨询中,第一轮咨询所得 C_a 平均值为 0.77、C_s 平均值为 0.93;C_r 均大于 0.7 即认为问卷咨询结果可靠。两轮专家咨询 C_r 平均值分别为 0.85 和 0.78,说明参与本次问卷调查的专家具有较高权威性,如表 4-6 所示。

表 4-6　中小学体育课程改革评估指标第一轮专家筛选的权威性

项目	指标	判断系数 C_a	熟悉程度 C_s	权威系数 C_r
课程设置	课程安排	0.72	0.94	0.83
	课程类型	0.79	0.93	0.86
课程教学	教学文件	0.79	0.93	0.86
	教学设计	0.78	0.93	0.86
	教研活动	0.78	0.93	0.86
活动课程	组织形式	0.75	0.88	0.82
	内容安排	0.78	0.94	0.86
	执教教师	0.78	0.96	0.87
训练竞赛	竞赛类型	0.79	0.93	0.86
	竞赛项目	0.78	0.93	0.86
	运动队建设	0.74	0.92	0.83
特色创新	学校特色	0.79	0.95	0.87
	体育创新	0.79	0.96	0.88
平均值		0.77	0.93	0.85

表 4-7　教师体育课堂教学评估指标第二轮专家筛选的权威性

指标	判断系数 C_a	熟悉程度 C_s	权威系数 C_r
学生学习能力	0.76	0.83	0.80
教师教学能力	0.74	0.79	0.77
教学效果	0.75	0.81	0.78
特色创新	0.73	0.78	0.76
平均值	0.75	0.80	0.78

(三) 评估指标筛选的结果

1. 中小学体育课程改革落实评估指标筛选

为了确定最终入选指标，本研究采用界值法，并根据统计学的要求进行指标的筛选，根据每项指标的重要性得分计算满分率、算术均数和变异系数。满分频率和算术均数的界值计算方法："界值=均数－

标准差";变异系数的界值计算方法:"界值＝均数＋标准差"。满分频率、算术均数大于界值则入选,变异系数小于界值则入选。为避免重要指标被去除,在指标均不符合以上三个衡量标准时才进行删除,出现一至两个不符合要求的指标则根据全面、科学的讨论决定取舍。

通过界值法计算分析,第二轮专家筛选指标的满分频率的界值为25.91%,算术均数的界值为3.66,变异系数的界值为0.31,如表4-8所示。最终符合要求的评估指标包括5个一级指标和13个二级指标,如表4-9所示。

表4-8 专家筛选中小学体育课程改革评估指标界值

统计指标	N	最小值	最大值	均值	标准差	界值
变异系数	17	0.00	0.43	0.21	0.10	0.31
满分频率	17	12.50%	100.00%	51.38%	25.46%	25.91%
算数均数	17	2.81	5.00	4.19	0.54	3.66

表4-9 专家评判中小学体育课程改革评估指标结果

一级指标	二级指标	N	标准差	变异系数	均值	满分率
课程设置	课程安排	17	0.56	0.12	4.76	82.35%
	课程类型	17	0.87	0.19	4.47	65.71%
课程教学	教学文件	17	0.62	0.14	4.53	58.82%
	教学设计	17	0.44	0.09	4.76	76.47%
	教研活动	17	1.03	0.24	4.24	58.82%
活动课程	组织形式	17	0.51	0.11	4.59	58.82%
	内容安排	17	1.20	0.30	3.94	47.06%
	执教教师	17	0.99	0.23	4.29	58.82%
训练竞赛	竞赛类型	17	0.87	0.19	4.53	70.59%
	竞赛项目	17	0.62	0.14	4.53	58.82%
	运动队建设	17	1.07	0.24	4.47	70.59%
特色创新	学校特色	17	0.90	0.22	4.06	35.29%
	体育创新	17	0.79	0.21	4.40	64.65%

2. 教师体育课堂教学评估指标筛选

通过界值法计算分析，专家第二轮筛选教师体育课堂教学评估指标界值满分频率的界值为32.98%，算术均数的界值为4.00，变异系数的界值为0.25，如表4-10所示。经过第二轮专家德尔菲界值法实行指标筛选，变异系数、满分频率和算数均数三项均不符合衡量标准的指标需删除，最终符合要求的评估指标包括4个一级指标和16个二级指标，如表4-11所示。

表4-10 专家筛选教师体育课堂教学评估指标界值

统计指标	N	最小值	最大值	均数	标准差	界值
变异系数	17	0.10	0.31	0.19	0.06	0.25
满分频率	17	13.33%	73.33%	47.07%	14.09%	32.98%
算数均数	17	3.40	4.73	4.27	0.27	4.00

表4-11 专家筛选教师体育课堂教学评估指标结果

一级指标	二级指标	N	标准差	变异系数	均数	满分比
学生学习能力	自主学习能力	17	0.49	0.10	4.67	66.67%
	感知体验能力	17	0.51	0.11	4.60	60.00%
	主动参与能力	17	0.74	0.18	4.13	33.33%
	技能掌握能力	17	0.77	0.18	4.20	40.00%
教师教学能力	教学设计多元化	17	0.46	0.10	4.73	73.33%
	教学内容多种类	17	0.49	0.10	4.67	66.67%
	教学方法多样性	17	0.52	0.11	4.53	53.33%
	教学组织多变性	17	0.63	0.14	4.40	46.67%
	教学风格独特性	17	0.64	0.14	4.47	53.33%
教学效果	教学目标全面明确	17	0.52	0.12	4.47	46.67%
	调动学生主动参与有效程度	17	0.64	0.14	4.47	53.33%
	课的密度	17	0.62	0.14	4.33	40.00%
	运动强度	17	0.51	0.11	4.60	60.00%

(续表)

一级指标	二级指标	N	标准差	变异系数	均数	满分比
特色创新	教学模式创新	17	0.51	0.11	4.60	60.00%
	器材创新	17	0.49	0.10	4.67	66.67%
	学校多样化特色	17	0.74	0.17	4.47	60.00%

三、完整评估指标体系

经过文献梳理（建立评价指标库）、专家筛选（筛选评价指标），指标体系完善（调整评价指标），专家组确定各指标权重以及评估形式，将二级指标的的表现按小学和初中学段分开，最终确定上海市学校体育课程改革第三方评估完整的指标体系，包括"小学体育兴趣化、初中体育多样化"学校体育课程改革专家评价指标，如表4-12所示；上海市"小学体育兴趣化"课程改革课堂教学评价指标，如表4-13所示；上海市"初中体育多样化"课程改革课堂教学专家评价指标，如表4-14所示。

表 4-12 "小学体育兴趣化、初中体育多样化"学校体育课程改革评价指标

评估指标	评估内容	主要观测点	分值	评估形式
课程设置（10分）	课程安排	学校总课表（小学"4+2"、初中"4+1"的落实及合理性）	5分	查看材料 现场访谈
	课程类型	国家体育课程（体育与健身课程）、区本体育课程和校本体育课程（包括向社会购买服务课程）	5分	
课程教学（35分）	教学文件	教研组工作计划、各年级教学进度表	10分	查看材料 现场访谈
	教学设计	各年级单元教学设计（参照单元教学设计指南）	15分	
	教研活动	教研活动记录	10分	

(续表)

评估指标	评估内容	主要观测点	分值	评估形式
活动课程（20分）	组织形式	全校、年级、班级、走班	7分	查看材料 现场访谈 现场观摩
	内容安排	学期体育活动内容安排表	7分	
	执教教师	体育专职教师、兼职教师（非体育教师、外聘教师）提供证书	6分	
训练&竞赛（10分）	竞赛类型	校内比赛名称与时间一览表（校运动会、体育节、体育周、社团、协会等）	4分	查看材料 现场访谈
	竞赛项目	以项目为主的单项竞赛表	3分	
	运动队建设	校运动队项目、人数、训练次数、时间安排、获奖情况	3分	
特色与创新（25分）	学校特色	传统特色，一校一品，一校多品等	10分	查看材料 现场访谈
	体育创新	基于"小学体育兴趣化""初中体育多样化"的创新	15分	

表4-13　上海市"小学体育兴趣化"课程改革课堂教学专家评价指标

评估项目	评估内容	评估依据	分值	评估形式
学习能力（20分）	自主学习能力	学习兴趣浓厚，积极性高，85%以上学生自觉积极地投入课堂练习	4分	现场访谈 现场观摩
	感知体验能力	激发持续进行体育锻炼的兴趣，每堂课80%以上的学生有成功愉悦的运动体验	6分	
	主动参与能力	每学期参加1—2个体育社团和1—2项班级、年级以上的体育比赛	4分	
	自主锻炼能力	每堂课中有8—10分钟的基本体能练习，提升基本运动能力，为自主锻炼行为奠定基础	6分	
教学能力（30分）	教学设计兴趣化	教学整体设计要体现兴趣化改革的思想，注重学习内容、教学组织、教学手段与方法等方面的兴趣化	8分	查看材料 现场访谈 现场观摩
	教学内容游戏化	开发集体性、趣味性运动游戏，将民间民族体育融入教学内容；高年级每堂课要引入3—5个游戏	7分	

（续表）

评估项目	评估内容	评估依据	分值	评估形式
教学能力（30分）	教学方法趣味化	以趣统领，通过情景创设、游戏竞赛、现代教育信息技术等多种方法营造趣味课堂	6分	查看材料 现场访谈 现场观摩
	教学组织灵活化	组织形式灵活多变，倡导小班化教学	5分	
	教学风格个性化	教师风趣幽默，有自己独特的教学风格	4分	
教学效果（30分）	教学目标全面明确	教学目标符合实际，促进学生身心全面发展	7分	现场访谈 现场观摩
	调动学生主动参与有效程度	80%以上同学掌握基本运动方法，能自觉进行自我锻炼	6分	
	课的密度	全课密度在50%以上，基本部分密度为35%左右	8分	
	运动强度	每次课的50%时间达到中等以上的运动负荷	9分	
特色创新（20分）	教学模式创新	优化教学环境，创设开放式、多元化教学模式，创建现代教育信息技术和网络教育资源新型教学模式。在教学思想、教学设计、教学内容、教学方法方面充分体现兴趣化特点	9分	查看材料 现场访谈 现场观摩
	器材创新	结合体育动作学习规律及动作结构，研发适合兴趣化教学的教学器材	5分	
	兴趣化特色	学校已形成开展兴趣化课程实施特色，有目标、有计划、有针对性地进行立德树人教育，有可借鉴、可推广的经验	6分	

表4-14　上海市"初中体育多样化"课程改革课堂教学专家评价指标

评估项目	评估内容	评估依据	分值	评估形式
学习能力（20分）	自主学习能力	学习兴趣强烈，80%以上的学生能积极投入课堂练习	4分	现场访谈 现场观摩
	感知体验能力	每学期应有5个以上的运动项目体验	6分	
	主动参与能力	每学期参加一到两个体育社团和一至两项班级、年级以上的体育比赛	4分	
	技能掌握能力	每堂课中有8—10分钟的体能练习，新授课中60%的学生能够掌握新技能；复习课中80%的学生能够熟练掌握运动技能	6分	

(续表)

评估项目	评估内容	评估依据	分值	评估形式
教学能力 （30分）	教学设计多元化	教学整体设计要体现多样化改革的思想，注重学习内容、教学组织、教学手段与方法、教学评价等方面的多样性	8分	查看材料 现场访谈 现场观摩
	教学内容多种类	每学期应选择5—7个运动项目作为主要教学内容，应根据教学内容需要选择多种体能练习融入课堂教学	7分	
	教学方法多样性	根据教学目标合理选择多种教学方法，每堂课采用的教学手段不少于5—7个	6分	
	教学组织多变性	教材衔接紧凑、施教步骤有序、组织形式灵活多变，初二要实施男女生分班教学，初三要采用体育选项教学	5分	
	教学风格独特性	教师教育教学技能娴熟，有自己独特的多样化教学风格	4分	
教学效果 （30分）	教学目标全面明确	教学目标符合实际，促进学生身心全面发展，学生在体育课堂身心愉悦，运动能力明显提升	7分	现场访谈 现场观摩
	调动学生主动参与有效程度	80%以上同学掌握运动方法，能自觉在课外自主锻炼	6分	
	课的密度	全课密度达到50%以上，基本部分密度达到35%左右	8分	
	运动强度	每次课的50%时间达到中等以上的运动负荷	9分	
特色创新 （20分）	教学模式创新	优化传统教学模式，形成开放式、多元化教学形态，创建现代教育信息技术和网络教育资源型教学模式。在教学思想、教学设计、教学内容、教学方法方面充分体现多样化特点	9分	查看材料 现场访谈 现场观摩
	器材创新	配合多样化教学研发的教学器材	5分	
	学校多样化特色	学校已形成多样化课程实施特色，有可借鉴、可推广的经验	6分	

第五章

第三方评估上海市学校体育课程改革的过程

第三方评估学校体育课程改革的过程是指开展评估活动的程序和工作步骤。由于教育评估是一项复杂且专业性、技术性较强的工作，评估过程对于评估工作的正常运行、评估信息的收集、评估结果的准确性都有重要影响。评估过程一般由评估准备阶段、评估实施阶段、评估反馈阶段三个环节构成。

第一节 上海市学校体育课程改革第三方评估准备阶段

教育评估工作的开展是一项专业、复杂的活动，前期准备工作是否充分直接影响评估工作能否顺利实施和评估质量的高低。上海学校体育评估中心非常重视评估准备阶段的工作，通过几年的工作积累，评估准备阶段已经形成相对稳定的工作机制。

一、制定方案，做好体育课程改革评估顶层设计

评估准备阶段的第一步是确定评估方案。上海市学校体育课程改

革第三方评估主要是针对上海市"小学体育兴趣化、初中体育多样化"课程改革而开展的评估，由于上海市中小学体育课程改革从试点到普及经历了不同的阶段，针对不同阶段的评估目标和任务都有所不同，因此，第一步是针对评估任务确定评估方案，做好课改评估的顶层设计，具体内容包括以下几点。

(一) 明确评估目标

在教育评估过程中，如果目标不明确、任务不清晰，就会导致评估的效度和信度都很低，直接影响评估的整体质量。

上海学校体育评估中心在开展评估活动之前，首先确立明确的评估目标。例如，针对第一批小学体育兴趣化课程改革的评估与第二批和第三批的评估目标互不相同：针对第一批试点学校进行评估的目标重点放在检验"小学体育兴趣化、初中体育多样化"课改理念的合理性、适应性，以及学校对课改理念的接受度等；第二批学校的评估目标则重点关注学校在"小学体育兴趣化、初中体育多样化"课程改革深入推进情况及小学阶段每天1节体育课的有序推进情况；第三批学校的评估目标则重点检查课改落实的质量。上海学校体育评估中心在确定评估目标时应坚持以下几点。

(1) 目标的清晰性。确保评估目标具体、清晰，具有可观察和可操作性。

(2) 目标的全面性。学校体育课程改革成效受众多因素影响，针对不同的主体制定全面的评估目标，例如针对学校层面、教师层面设计评分表，评估各方在体育课程改革中的成效与不足，以便制定后续工作策略。

(3) 目标的合理性。考虑评估指标选取的依据是否科学、评估指标选取的内容是否恰当、评估目标开展的条件是否具备、评估目标本身是否符合体育课程改革理念和教育教学规律等。

（4）目标的针对性。评估目标要依据课程改革的核心理念以及课改的不同进程，针对性地选择评估指标，重点选择那些能有效反映课程改革效果的指标。有了明确的目标，评估才有明确的方向和任务。上海市学校体育评估中心在评估准备阶段会综合考虑各种因素确定评估目标。

（二）确定评估对象

上海市共有16个区，中小学数量众多，不可能对每所学校开展评估工作，确定合理的评估对象是评估工作开展的重要一步。要确定评估对象的范围，首先要弄清为什么开展评估，即评估的目的是什么。若评估目的是选取典型，推广体育课程改革的成功经验，那么评估对象的选择就需要很强的针对性，通常会参考以往的评估结果以及学校自荐和区域推荐的方式确定评估学校，评估内容也会着重搜集学校在课改方面的成效，形成体育课程改革优秀模式进行推广；若评估目的是对某学校体育课程改革情况进行个体化的评估，那么评估对象是确定的，只需要针对这个学校在体育课程改革方面的工作进行全面评估；若评估目的是评估某个区域的体育课程改革情况，评估对象的范围就要根据区域特点，学校的数量、种类、性质等因素综合选择评估对象，确保评估结果能反映区域概貌；若评估目的是了解市区层面体育课改的整体情况，评估对象的范围就更广，需要考虑样本的代表性，通常采用随机抽取的方法，如电脑派位、抓阄等，确保评估结果的客观性。

（三）制定评估标准

评估标准是衡量学校体育课程改革工作的尺度与准则，评估标准是评估者实施评估工作的依据和参考。一个具有科学性和可行性的体育评估标准对于评估工作至关重要。上海学校体育评估中心依据中小学体育课程改革评估的目的，精选评估指标，邀请不同领域的专家针对评估指标进行咨询和问卷调查，最终构建评估指标体系。此外，上海学校体育评估中心设计"小学体育兴趣化、初中体育多样化"课程改革学校评估等级标准，评估参数包括基本指标（每周课时数、场地器材条件等）、学生体质测试情况、体育教学情况、课内外联动情况、体育课改的经验和特色。针对这些指标设定不同的评估标准，依据评估结果将等级划分为优秀、合格与不合格。评估指标体系和评估标准是开展评估工作的抓手，一级指标确定方向、二级指标确定范围、三级指标确定评估具体内容，每个指标的选择都直接影响评估内容及评估结果，上海学校体育评估中心严格按照评估指标体系构建的方法，科学合理构建上海市学校体育课程改革评估体系和等级标准，确保评估工作的科学性和有效性。

（四）选择评估专家

评估工作的实施需要一支强大的评估团队。第三方评估学校体育课程改革需要组建结构合理、专业对口、认真负责的专家团队。上海学校体育中心成立学校体育评估专家库，并依据评估表现对专家库进行动态调整，确保评估专家团队的质量。评估准备阶段，上海学校体育评估中心会结合评估要求，从评估专家库中调取合适的专家组成评估团队。选择专家时会综合考虑专家的学科领域、专家来源、评估经验等，将专家按照合理的搭配组建小组。通常专家团队的人员由教育学领域专家、学校体育领域专家、市区级体育教研员、一线高级教师、中小学体育组长等构成。这样的专家结构既保证了评估工作的理论基础，又具备一线体育工作者的实践经验。不同领域的专家结合在一起，从各自的专业视角评估学校体育课程改革，将理论与实践相结合，可以得到更客观真实的评估结果。

二、组织相关活动，安排部署上海市学校体育课程改革评估工作

评估方案确定后，上海学校体育评估中心着手组织相关会议和活动，安排部署评估工作，使得评估学校、评估专家、评估工作人员等全面了解评估工作的内容及要求，确保下一步评估工作的实施。

1. 组织评估学校会议，明确评估内容及标准

上海市"小学体育兴趣化、初中体育多样化"课程改革始于2015年，是在徐汇区、闵行区、宝山区三个区22所学校试点的基础上逐步推广的，因此存在第一批试点校、第二批试点校的界定。从2021年开始，上海市已全面普及"小学体育兴趣化、初中体育多样化"课程改革。在上海市中小学课程改革过程中，针对第一批、第二批试点学校集中进行三次评估，此时的评估对象较为明确，是试点学校。针对试点学校的评估，上海学校体育评估中心会集中组织会议，安排部署评估内容及要求。评估内容通常包括介绍评估目的、明确评估内容及标准、自评报告内容、提交方式、其他相关工作注意事项及日期安排等，使得评估学校了解本次评估的具体情况，以便合理安排各项工作，保障评估工作的顺利开展。

2. 组织召开评估工作会议，明确评估流程

上海学校体育评估中心在评估准备阶段组织召开评估工作会议，参会人员通常包括市教委领导、区教育局领导、评估专家、评估工作人员等。会议的目的主要是针对评估工作进行介绍及任务安排，评估工作主要包括评估目的的说明、评估指标的介绍、评估标准的解读、评估等级的要求、评估过程中的注意事项、搜集信息的方法、评估小

组的分组、组长人选的确定、评估人员分工、评估工作的时间跨度、每个评估小组的时间安排、每所评估学校的时间安排、评估工作报告撰写的时间安排以及提交日期等。评估专家的具体工作部署包括评估任务完成的时间节点、评估手段的使用、数据的采集方式、评估报告的撰写等。

第二节 上海市学校体育课程改革第三方评估实施阶段

上海市学校体育课程改革的评估实施阶段是评估工作的实践过程,也是评估工作中搜集信息、分析信息与整理信息的过程。不同评估项目的实施过程不尽相同,教育评估的实施过程涉及评估中运用何种方法和手段,通过何种程序获取到了何种相关数据和佐证资料,如何对数据进行处理和分析等。上海市学校体育课程改革评估伴随着体育课程改革一路前行,在评估工作中不断改进,积累了丰富的经验。学校体育课程评估阶段主要包括学校自评、实地评估两部分。

一、查阅学校自评材料,初步了解学校体育课程改革概貌

在体育课程改革评估准备阶段,上海学校体育评估中心组织召开各区教研员会议,安排评估任务,说明评估工作内容及要求,部署各学校按照评估要求进行自评,形成自评报告并上传至评估系统。自评报告主要包括以下内容。

(1)根据上海市教委关于"小学体育兴趣化、初中体育多样化"学校体育课程改革要求,学校在组织管理、课程设置、课程实施、训

练与竞赛以及特色与创新等方面的推进情况。

（2）小学阶段每天开设 1 节体育课，小学、初中阶段开设 7—8 种及以上体育项目及"一校多品"创建，校内外体育运动各 1 小时的推进落实情况。专家组成员在实地考察前需要登录评估系统，了解每所参评学校的信息，通过自评报告初步掌握学校的体育课程改革情况，从学校的自评报告中找出关键信息，如特别好的做法或存在的不足等，以便带着问题进入实地考察阶段。

二、实地调研评估，切实掌握学校体育课程改革状况

实地评估是评估学校体育课程改革评估工作中最重要的环节，也是获取评估信息的主要途径。通过实地查阅材料、现场观摩、现场访谈等方式，评估专家可以得到第一手评估信息，为得到客观合理的评估结果提供重要依据。上海市学校体育课程改革第三方实地评估的主要内容包括：

（一）现场听取汇报

实地评估的第一步是现场听取评估学校关于体育课程改革的报告。通过学校提交的自评报告，专家只能初步了解学校体育课程改革情况，加上自评报告几乎都是文字呈现，在内容和形式方面相对单调。现场报告一方面可以提高校方领导对评估工作的重视程度；另一方面可以更加全面立体地呈现学校体育课程改革状况。为了保证评估工作的效率和公正性，上海学校体育评估中心特地制定了实地评估现场会议议程，其主要包括以下内容。

（1）会议主持。会议议程规定由专家组组长主持会议，介绍专家组成员，说明工作任务，强调评估纪律，提出配合要求；参评学校领导介绍出席会议的相关老师。

(2)校方汇报。规定学校领导以PPT形式介绍本校自评情况，时长为20分钟左右，内容包括学校概况、"小学体育兴趣化、初中体育多样化"课程改革实施现状、特色与创新等方面，要求报告围绕市教委关于"小学体育兴趣化、初中体育多样化"课程改革文件精神，突出重点，简明扼要。

(3)查阅佐证材料。评估专家现场审阅与指标体系相对应的佐证材料，评估专家提问，由学校代表回答或准备有关材料。通过学校现场汇报，评估专家能够深入了解学校在体育课程改革方面的具体做法、学校特色及亮点，对于评估结果具有重要参考价值。

通常实地评估的首要工作是听取校方汇报，校方利用20分钟左右时间来介绍学校体育课程改革情况。校方的汇报将集中呈现学校体育课程改革中好的做法、学校体育特色与创新内容等，会对学校在体育课程改革中的成果、学校在体育方面的亮点进行重点介绍，同时也会对学校在体育课程发展中存在的困难进行说明。作为评估人员，需要客观评判学校汇报中的各种信息。

(二)审阅相关资料

学校体育工作涵盖面广，包括体育课、活动课、体育社团、俱乐部、训练队、大课间、运动会、体育嘉年华等。所有工作的开展都有一定的文本记录存档，包括体育教研会议记录、体育单元设计、体育课时计划、体育社团内容、俱乐部内容及安排、训练队训练计划及成绩、体育比赛获奖情况、运动会秩序册、大课间活动材料等。通常学校会在自评报告和现场汇报中集中呈现学校体育课程改革的成效，作为评估人员，如何鉴别这些内容的真假，文本材料是重要的佐证材料。通过对文本材料的查阅，评估人员能够切实掌握学校在体育课程改革中的真实情况。例如，学校自评报告中呈现定期召开体育教研活动,那么现场就需要查阅体育教研活动记录,通常情况下可以通过日期、研讨主题、参会人员、会议记录等方面判断真伪。又如,学校报告中所呈现的训练竞赛成绩,需要评估人员查阅相应的训练计划、获奖证书等材料确定真假。由于文本材料内容丰富,需要评估人员依据评估目的在众多文本材料中搜集关键信息。

(三)观摩体育课堂

体育课是学校体育课程改革成效的最好体现。通过体育课,评估人员可以了解学校对体育课程改革理念的理解,一线教师对体育课改的实践应用,通过学生的学习表现反映学校体育课改的成效。观摩体育课是搜集信息的重要环节,首先通过教案判断执教者的体育课程设计理念是否符合体育课改要求;其次通过上课过程中教师的语言讲解、动作示范、组织教法、学习评价等环节的表现,了解一线教师将课改理念应用于实践的能力;再次通过学生的上课表现,了解学校体育课的整体教学成效;最后通过专门设备检测体育课运动密度及强度来反映课堂教学效果。体育课堂是体育课程改革的实践田,学校体育课程改革质量能够直接透过体育课堂清晰呈现。上海学校体育评估中心高度重视对中小学体育课堂的评估,专门制定"小学体育兴趣化、初中体育多样化"课程改革评价表,从学习能力、教学能力、教学效果、特色创新四个维度对体育课堂进行评价。相对而言,体育课上搜集的信息更加真实,也更加丰富,是评判学校体育课程改革效果的重要依据。

(四)访谈学校师生

相对于文本和体育课,访谈法作为一种质性研究方法,是一种更加深入了解学校体育情况的途径。通过访谈,可以深度挖掘访谈对象内心的真实想法,以便更加全面地了解评估学校体育课程改革情况。

通常访谈对象包括学校领导（校长、副校长）、体育组组长、一线体育教师、学生等。不同的访谈对象获取的信息不同，通过与学校领导的访谈了解校方在体育课程改革中组织领导层面的工作，同时也能掌握领导对体育课程改革的认知和重视情况；与体育组组长的访谈能够获悉体育组在体育课程改革中的做法、日常教研情况以及体育课改中的困难等；与一线体育教师的访谈可以了解老师对体育课程改革理念的认识，侧面反映学校对体育课改的重视情况以及一线教师在体育课程改革过程中存在的疑惑；与学生的访谈可以了解学生对学校体育工作的评价，尤其是对体育课的真实感受。所有的访谈资料都是对量化指标的补充，更加全面立体地反映参评学校体育课程改革的整体情况。

（五）实地考察

实地考察也是搜集信息的一种途径，通过实地考察，评估人员可以获取学校体育场地设施配置情况、学校体育师资力量、班级数量及人数、校园体育文化情况等。场地器材是学校体育工作开展的基础，硬件配备对学校体育课程改革非常重要，场地器材的缺失或不匹配直接影响学校体育工作效率。体育教师是体育工作的实际操作者，教师的年龄结构、性别比例、专业水平、工作年限、职称结构等都会直接影响学校体育课程改革的成效。学校班级数量及班级平均人数的多少直接决定了人均体育场地器材使用条件的好坏。校园体育文化氛围是一个学校体育工作开展情况的隐性特征，校园体育文化浓郁的学校处处体现出体育的特色与氛围，学生在无形中受到体育的熏陶，侧面反映出学校体育工作的绩效。

（六）现场交流反馈

学校体育课程改革评估的目的不只是甄别与选拔，更多的是发现问题，提出改进策略与方案，为学校体育工作的发展提供有价值的建议和指导意见，因此评估实施环节中很重要的一环是评估交流反馈工作。在交流反馈中，首先，专家组组长就学校整体课程改革情况进行评价和说明，对学校体育工作的特色和亮点进行总结，反馈学校在体育课程改革中存在的问题，提出下一步改进工作的建议。其次，专家组会针对观摩的体育课进行讨论，从教师的课时设计、课程目标、内容安排、教法运用、组织形式、场地器材布置、评价手段、语言讲解、动作示范、运动密度与强度、学生课堂表现、教学安全等方面进行全方位的点评，与任教老师进行深入交流，通常体育组全体教师都会参与交流，这也是一次难得的学习交流活动。最后，专家就学校在体育课程改革中的困惑、存在困难以及对区教育部门、市教委的期许与需求进行汇总反馈，以确认所有信息的客观真实性。

第三节　上海市学校体育课程改革第三方评估反馈阶段

评估结果反馈是教育评估的最后一个环节，也是非常重要的一个环节。上海市学校体育课程改革第三方评估的直接目的大致有两个方面：一是为有关部门了解情况及做出进一步的决策提供依据；二是为被评估对象改进学校体育工作提供依据。教育评估作为教育管理的重要环节，在新时期应更加重视评估对教育工作的改进与发展。因此，评估结果是否被有效反馈就显得十分重要，它直接关系到评估目的能否全面实现。

一、发挥第三方评估效能，多方反馈评估结果

学校体育课程改革第三方评估存在的意义是从第三方的角度出发，通过专业、严谨的评估程序，客观、公正地呈现评估结果，并提供结果反馈，达到评估的最终目的。上海学校体育评估中心在评估结果反馈方面，主要包括以下内容。

（一）向政府反馈，为学校体育相关政策制定提供依据

上海高度重视学校体育课程改革，不同时期，学校体育课程改革需求不同、理念不同、做法不同，如何制定符合时代发展、学科发展和学生发展的学校体育政策，如何合理规划和部署学校体育相关工作，这些都需要有充分合理的依据。上海市教委将此项工作委托于上海学校体育评估中心，由该评估中心向政府反馈中小学体育课程改革评估结果，为政府决策提供信息。评估中心通常以口头报告和书面报告相结合的方式向政府反馈评估结果。

1. 口头报告

一般在评估工作结束后，上海学校体育评估中心会组织召开评估工作总结会。参会人员包括教委领导、区教育局相关人员、评估专家等人员。会议的主要内容包括评估工作开展情况、"小学体育兴趣化、初中体育多样化"课程改革工作整体推进情况、评估工作中遇到的问题、中小学在学校体育课程改革中的困难和诉求等。通过口头报告，政府部门能够详细了解评估工作，掌握中小学体育课程改革实际状况，听取评估专家对学校体育课程改革的建议，为后续政策的制定奠定基础。

2. 评估报告

评估报告是向政府反馈评估结果的另一重要形式。评估报告在

整个学校体育评估活动中处于末端，但它却是评估活动中至关重要的部分，因为它是记录和展现评估活动的重要载体，是政府进行教育决策的重要参考。上海学校体育评估中心出具的评估报告内容主要包括以下内容。

（1）总论。在总论中交代评估背景与目的、评估内容与指标、评估人员与过程以及依据评估标准得出的各评估学校的评估结果。

（2）课程改革组织实施。这部分内容主要呈现参评学校在体育课程改革中的组织工作以及顶层设计情况。

（3）课程改革条件。这些条件主要包括体育师资建设和体育场地器材条件。

（4）课改理念推进下体育教学落实情况。落实情况应从教学理念、教学方法、教学效果以及教学评价等方面进行阐述。

（5）课程改革过程中的特色与创新。总结提炼在体育课程改革过程中学校的特色做法以及体育创新经验。

（6）课程改革过程中存在的问题。依据评估指标，总结在评估过程中发现的问题，这也是报告中较为重要的部分，为政府的决策和下一步工作提供参考。相对而言，课改理念推进下体育教学落实情况的结果分析是评估报告的主体，课改中存在的问题与发展建议是教育评估报告内容的核心要素。问题和建议是评估专家在结合体育课程改革评估事中和事后的各项佐证材料和数据，综合提出的具有一定发展意义的建议性话语。通常评估报告以专家团队作为核心力量，综合各评估小组提交的评估材料，按照评估报告的格式对中小学体育课程改革进行总结。

（二）向区教育部门反馈，促进区域学校体育工作整体发展

由于历史发展和现实原因，上海市各区在地理位置、经济发展、教育资源、体育资源等方面存在一定差距，各区推进学校体育课程改革的进程和工作成效也不尽相同。各区学校体育课程改革的推进和落实，一方面需要区教育局的合理规划和顶层设计，另一方面也需要定期了解和掌握区域学校体育课程改革整体状况，为下一步工作开展提供依据。上海学校体育评估中心为了发挥评估的最大效应，在每次评估中都出具针对各区学校体育课程改革的评估调研报告，主要包括以下内容。

（1）"小学体育兴趣化、初中体育多样化"课程改革推进实施情况，落实小学"5+2"（每天开设1节体育课）、初中"4+2"（逐步增加课时）推进落实情况。

（2）小学阶段每天开设1节体育课推进实施情况，小学、初中阶段开设7—8种及以上体育运动项目及"一校多品"创建，校内外体育运动各1小时的推进实施情况。

（3）改革推进中的主要做法和经验。

（4）实施过程中存在的主要问题。

（5）改革推进中的特色与创新。

（6）下一阶段措施与思考。区域评估报告为各区学校体育工作的开展提供参考。

（三）向校方反馈，促进学校改进体育工作

对评估学校的反馈也是上海学校体育评估中心开展评估工作的一项重要内容。上海市学校体育课程改革第三方评估邀请不同领域的专家开展评估工作，对被抽选的评估学校而言，这是一次极好的学习提升机会。通过评估工作，评估学校可以深入了解学校体育课程改革的评估标准，对照评估指标，在准备评估材料的过程中对自身情况作出内部反馈。上海学校体育评估中心在评估工作结束后，结合评估专家的意见和专业建议，会针对每所评估学校出具一份书面的评估报告，内容包含学校落实体育课程改革状况、课程改革实施中存在的主要问题以及下一步工作的建议等，为学校完善和改进体育工作提供参考。

二、加强信息化管理，完善第三方评估工作

随着《教育信息化2.0行动计划》《中国教育现代化2035》等政策的相继出台，公共教育管理信息化的速度不断加快。管理信息化是教育信息化的重要环节，公共教育部门要主动推广与使用信息技术，以信息化平台为支撑，通过管理方式和管理理念的全方位转变，提高管理效率和服务水平，支撑教育决策与管理，实现教育治理现代化。

（一）构建学校体育评估信息化管理平台

适应信息化发展的潮流，上海学校体育评估中心自创建之日起就不断摸索实践，加快创建完善的评估监测基础数据信息平台。基础数据信息是有效实施教育评估监测的基础和基本依据，现代教育评估越来越强调"基于证据和数据评估"。学校体育评估信息化管理平台是以数据资源整合与共享为基础，建立数据填报、采集、接入、生成及兼容系统与工作机制，形成包括基础性数据、条件性数据、过程性数据、结果性数据和相关信息的大数据信息平台，将构建高水平的教育督导评估信息管理应用系统，强化中小学体育教育督导评估的数据支持、信息支撑、管理保障与服务决策能力，提升上海市学校体育评估监测的信息化水平。

（二）充分发挥信息化平台功用，提升上海学校体育评估工作质量

1. 线上线下相结合，确保评估信息的准确性

如前文所述，上海学校体育评估中心已逐渐形成完善的评估工作

机制，在开展评估活动时，通常包括评估学校线上提交自评报告、专家实地评估两部分。线上报告是指学校通过上海市学校体育评估系统，根据系统要求填报各种信息，提交佐证材料。专家在实地评估前需要在线上对参评学校提交的材料进行评分，在初步了解评估学校信息的基础上，结合实地考察查验材料的真实性，通过线上线下结合的方式，确保评估信息的准确性。

2. 改进评估手段，提高评估结果的科学性

传统的教育评估通常是专家直接前往评估学校进行实地考察，评估信息的获取主要通过现场观摩、资料查阅、访谈等手段。体育课程改革涉及学校体育方方面面的工作，客观准确的评估结果需要众多评估信息的支撑，仅仅依靠实地评估不能获取全方位的评估资料，可能导致评估结果出现偏差。因此，利用信息化平台，在评估方法上实现"定量与定性、质量与数量、国内与国外"的结合，有助于进一步提高评估结果的科学性。

3. 突破空间限制，扩大评估覆盖范围

上海中小学数量众多，无法做到对每所学校都进行实地考察评估。在随机选取评估学校进行体育课程改革评估的基础上，评估需要兼顾其他学校，使得更多学校了解上海市学校体育课程评估标准及要求，进行自评自检，信息化评估平台能够很好地解决这个问题。信息化评估平台广泛运用信息技术，利用互联网、大数据、创新"互联网+评估"的教育评估技术服务方式，突破评估的地域和空间限制，大大扩大评估的覆盖面，促进更多的学校不断完善体育工作，提升体育课程改革质量。

4. 减少评估风险，提升工作效率

近几年，新冠病毒肆虐全球，学校作为教育场所，人员密集，存在较大的传播风险。因此，在这一特殊时期，各地政府都会选择停课并转为线上教学的方式。特殊时期的学校体育评估工作应如何开展，也许信息化评估是最好的选择。通过互联网评估的方式，由实地考察转为网络评估，专家只需通过评估系统对学校体育课程改革情况实施评估，在降低评估风险的同时，还能提升工作效率，也保证了教育评估工作的连续性和常态化。

5. 实现动态监测，提高评估效益

传统的教育评估通常都是一次性的，相较于平常，学校在接受评估期间，各部门都会集中精力大力做好相应的保障工作，以呈现良好的状态。一旦评估结束，学校体育工作会受到一些影响，这种状况是由于评估工作缺乏灵活性、缺少动态监督导致的。通过信息化评估系统，上海学校体育评估中心可以适时监测学校体育工作，定期进行信息搜集和分析，实现对学校体育课程改革的动态监管，不断完善基于客观数据的主观评价，在提高评估效益的同时，促进学校体育工作高质量发展。

6. 储存评估信息，完善评估管理

每次学校体育课程评估都有一系列的评估材料，包括会议记录、评估方案、评估数据、评估标准、评估报告等。处理这些评估信息的工作繁琐庞杂，需要大量的人力物力。利用信息化管理平台，就可以很好地解决这个问题。首先，在评估平台中通过专门的设置，可以将每次评估按照时间进行分类管理，确保评估信息安全有序。其次，通过对评估信息的分析处理，发现不足，及时改进完善，便于上海市学校体育评估中心定期对评估工作进行改进。最后，对评估报告的对比分析，可以定时总结上海市学校体育课程改革进程及成效，形成科研成果。总之，信息化评估不但能够有效储存信息，还可以不断完善评估管理工作。

(三) 公开评估信息，实现社会监督

信息公开包括评估方案、指标体系、工作流程、评估方法、评估结果等，实行信息公开有利于纵向层面的上下信息联通、横向层面的相关信息对比、立体层面的综合信息咨询，进而有助于政府、学校和第三方评估机构之间的职责与利益协调，促进彼此间的理解与信任，更好地保障社会对教育发展的知情权和监督权，确保社会充分了解评估工作的整个过程，提升第三方评估的透明度和公信力。在信息公开时间上，按照固定时间发布各类评估信息，实现信息公开常态化；在信息公开渠道上，可通过固定网站、出版物或权威期刊、报纸等媒体向公众公布评估信息，形成一种稳定的信息获取途径和信息反馈机制。

第六章

第三方评估标准下的上海市学校体育课程改革成效

课程是贯彻落实党的教育方针和教育思想的载体，是国家意志的体现，是立德树人、实现教育目标的根本途径。中小学体育与健身课程对培养学生健康体魄、塑造健全人格、发展学生核心素养具有重要意义。

为全面贯彻党的教育方针，深入落实《中共中央、国务院关于深化教育教学改革全面提高义务教育质量的意见》《国务院办公厅关于强化学校体育促进学生身心健康全面发展的意见》等要求和精神，持续深化上海市学校体育课程改革，深入推动学校体育改革与发展，上海市于2015年启动"小学体育兴趣化、初中体育多样化"课程改革，各中小学试点学校在改革进程中表现出较高的改革热情和积极性。

第一节 课程设置层面

课程设置（课程安排和课程类型）是落实和推进学校体育课程改

革的重要环节。根据上海市学校体育课程改革第三方评估标准，对各试点学校的课程安排（体育课时的落实情况）和课程类型进行督导和评估。目前，上海市各试点学校在深切领悟上海市学校体育课程改革理念和精神的基础上，经过统筹规划和安排设置，基本全面落实了体育课程改革的课时要求（"3+2""5+2""4+2"），同时结合学校自身发展的需求和特色，优化设置了体育课程类型，积极稳步地落实了体育课程改革要求，切实推进了上海市学校体育课程改革，取得了一定的改革成果。

一、课时安排到位

根据《指导意见》，中小学在推进体育课程改革过程中做到统筹安排，积极落实并确保小学体育的每周课时安排模式为"4+2"（即每周4节体育课、2节体育活动课）、初中体育的每周课时安排模式为"4+1"（即每周4节体育课、1节体育活动课）。2021年9月，在国家"双减政策"的驱动下，各小学试点学校进一步积极响应教育部《关于全面加强和改进新时代学校体育工作的意见》，依照上海市教委的要求，进一步确保每天开设一节体育课，努力推进和实施"5+2"课时安排模式，即每周5节体育课、2节体育活动课，切实保证学生每天开展1小时的校园体育活动。

（一）小学体育课时落实

上海市学校体育课程改革的第三方评估单位上海学校体育评估中心依据《指导意见》和第三方评估标准，分别对2019年至2021年期间上海市各小学试点学校体育课时安排模式的落实情况（"4+2""5+2"）进行了评估。整体来看，各小学试点学校在体育课时的落实方面呈现积极推进、全面普及的良好趋势。

2019年在上海学校体育评估中心专家督导评估的32所试点小学中，认真落实"4+2"体育课时安排模式的试点小学共有20所（占比为62.5%），另外12所试点学校依据《指导意见》的精神和要求，也对体育课时安排进行了调整，但未能完全落实"4+2"模式，其中5所试点小学学校采用了"4+1"模式，7所试点小学学校采用了"3+2"模式，占比分别为15.63%和21.88%，如图6-1所示。此外，从各试点学校体育教师对体育课和体育活动课安排情况来看，如图6-2所示，84.68%的体育教师都能采用"4+2"课时模式开展教学。可见，2019年评估的"小学体育兴趣化"课程改革试点学校基本能够根据学校实际情况对体育课进行统筹安排，积极推进和落实体育课程改革，其中大部分小学试点学校能够达到《指导意见》规定

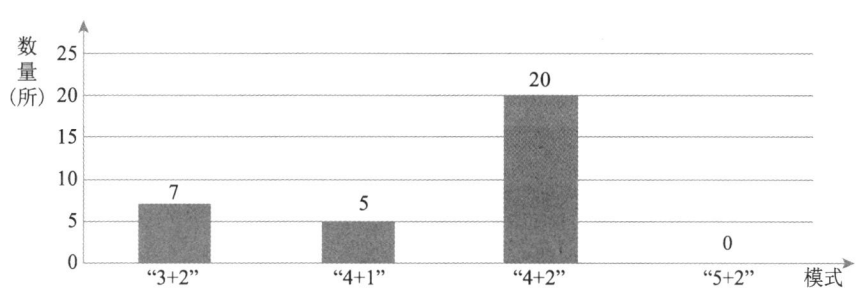

图6-1 试点学校每班每周体育课时安排模式情况统计图（$N=32$）

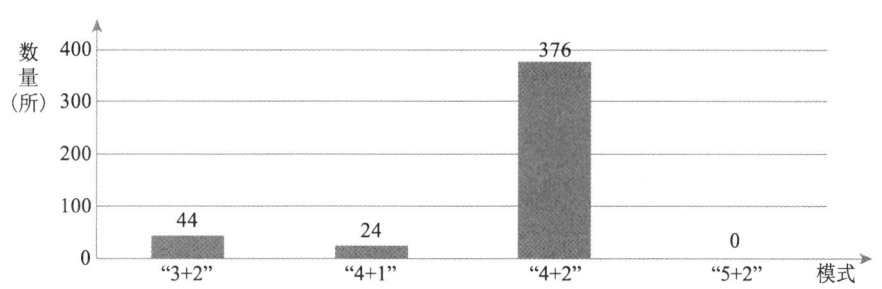

图6-2 试点学校的体育课和体育活动课安排情况统计图（$N=444$）

的体育课与体育活动课的课时要求。

2020年在上海学校体育评估中心专家督导评估的16所小学试点学校中，1—5年级全部推进并落实"4+2"体育课时安排模式的小学试点学校共有11所，占比约为69%，如图6-3所示，较2019年有明显增加，这11所学校分别为幸福四平实验小学、七色花小学、清水路小学、闸北第一中心小学、上海外国语大学松江外国语学校、桃浦中心小学、虹桥路小学、红星小学、建设小学、华新小学和西郊学校。另外5所小学试点学校也在积极推进体育课程改革，但未在全部年级落实"4+2"模式，具体表现为1—3年级执行了"4+2"模式，4—5年级维持原有"3+2"模式，占所有评估学校的31%，这5所学校分别为朱泾小学、弘文学校、上海交通大学附属实验小学、新时代小学和开鲁第二小学。

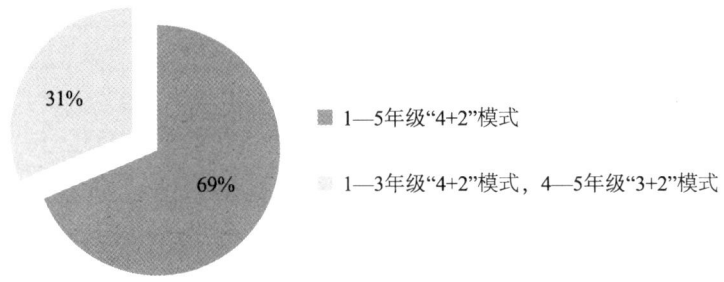

图6-3 小学兴趣化课程模式所有年级执行分布（N=16）

"小学体育兴趣化"课程改革已全面实施五年多，从2021年上海学校体育评估中心的督导评估结果来看，在市教委和各区教育局的大力支持下，小学体育兴趣化改革理念已深入人心，对于"小学体育兴趣化"的课程改革理念的认知和理解更加清晰和全面。在《指导意见》和"双减政策"的指导下，督导评估的16所小学试点学校全部执行和落实了"5+2"的体育课程课时要求，将5节体育课与2节体育活动课安排和落实到课程表中，实现了"5+2"体育课时模式的全面普及。

(二) 初中体育课时落实

上海市学校体育课程改革第三方评估单位上海学校体育评估中心依据《指导意见》和第三方评估标准，分别对 2019 年、2020 年期间上海市各初中试点学校体育课时安排模式的落实情况（"4+1"）进行了评估。整体来看，自 2015 年改革以来，在市教委、区教育局的大力支持和上海市学校体育评估中心的长期督导下，"初中体育多样化"课程改革理念已得到基本贯彻，大部分初中试点学校能够满足《指导意见》规定的体育课时要求，基本实现了"4+1"体育课时模式的全面落实，同时在《指导意见》的引领和要求下，基本做到了以 5—7 个运动项目作为初中体育课程的主要教学任务，注重学生运动兴趣的激发和保持，关注学生的技能学习、体能发展和品格培养。

2019 年在上海学校体育评估中心督导评估的 16 所"初中体育多样化"试点学校中，上海市宝山区宝钢新世纪学校、上海市彭浦第三中学、上海市松江区民乐学校等 15 所学校在各个年级都认真执行和彻底落实了"4+1"体育课时模式，具体课时模式依据各个学校自身情况和特色所执行的形式有所不同："4+1"（4 节体育基础课、1 节体育活动课）、"3+1+1"（3 节基础体育课、1 节选修体育项目、1 节体育活动课）、"2+2+1"（2 节基础体育课、2 节体育多样化课程、1 节体育活动课）。仅 1 所初中试点学校未完全落实"4+1"体育课时模式，而是分年级设置了不同的体育课时安排，具体为在六年级与七年级采用"4+2"的课时安排模式（4 节基础体育课、2 节体育活动课），八年级与九年级采用"3+2"的课时安排模式（3 节基础体育课、2 节体育活动课）。此外，在教学内容的运动项目选择和设置方面，大部分初中试点学校能够做到《指导意见》的要求：将

5—7个运动项目作为体育课程的主要教学任务（占比为93.75%），并以运动项目的关键技术和关键能力设计教学单元，形成技能学习、练习方法和身体素质同步发展的教学内容，其中运动项目数量最少为4个，最多的高达14个。

2020年由上海学校体育评估中心督导评估的16所初中试点学校中，14所试点学校将"4+1"的体育课时要求落实到课程和教学中，这些初中试点学校根据课程改革要求和指导意见，结合本校实际情况安排课的类别和内容，呈现出不同的课时安排形式，可分为"统一安排"和"年级差异"两类：北海中学、康健外国语实验中学、古华中学等11所初中试点学校采取了各年级统一的课程内容，而金山初级中学、罗南中学和天山初级中学3所初中试点学校则结合学校实际情况，针对不同年级设置了不同的课程模式。由于场地有限、师资和经费不足等现实困难，2所初中试点学校未能将"4+1"体育课时要求完全落实到位，如未将1节体育活动课纳入课表，而是由课外自主锻炼、假期体育运动打卡、体育节、体育社团等多种形式替代，换言之体育活动课没有形成稳定的时间与内容，随意性较大；还有学校由于场地、师资，经费、资源不足等问题，未能彻底执行"4+1"体育课时要求，逐渐恢复至"3+2"模式。在运动项目的选择上，各初中试点学校根据学校体育教师擅长的特色项目，通过购买服务等途径，在体育基础课、学校特色课、拓展课、活动课、体育社团等环节为学生提供多样化运动项目的学习机会。对各试点学校自评报告中运动项目内容进行Nvivo可视化分析，涉及的运动项目共计42项（类），其中棋类项目中包含了围棋、国际象棋、桥牌等内容，踢跳类包括了花式跳绳、跳绳、跳短绳、毽子、毽球等。整体上看，既包括常见的篮球、足球、武术、健美操等项目，也有帆船、冰壶、保龄球、攀岩等比较小众的项目，表明各初中试点学校的学生能够接触到种类繁多的运动项目和运动文化。

二、课程类型多元

"小学体育兴趣化、初中体育多样化"课程改革以"为了每一个学生的终身发展"教育理念为引领，坚持"健康第一，全面育人"的指导思想，力求为学生身心健康发展和终身参与体育活动奠定坚实基础。在此背景下，上海市学校体育课程改革第三方评估单位上海学校体育评估中心致力于构建面向人人的体育课程，重点评估试点学校的课程类型，了解不同层级体育课程的落实情况，强调面向学校特色和学生个性化需求的课程安排，突出体现上海学校体育的海派特色。

在课程改革《指导意见》和第三方评估标准的引领下，各试点学校以学校体育课程改革为契机，全面更新了传统体育教学理念，树立了新的课程观，把体育课作为立德树人的重要载体，以提升学生核心素养为重点，聚焦促进学生身心健康的目标，在落实基本课时要求的基础上，结合学校自身特色，优化和丰富课程类型，进一步深化了课程改革理念，推进了体育课程改革进程，促进了学生的全面均衡发展。

（一）小学体育课程类型

在第三方评估单位上海学校体育评估中心的督导下，上海市各小学试点学校在全面落实体育课程课时安排的基础上，基于学生的身心发展特点，结合学校的发展特色和自身优势，优化和创新了体育课程模式，设置了多元化的课程类型，进一步深化和落实了"小学体育兴趣化"课程改革理念，满足学生个性特长发展的需要，培养学生参与体育的乐趣、兴趣和志趣，促进学生身心素质的全面协调发展。

在体育课程的安排和设置方面，上海市各小学试点学校重点依据学生的身心发展特点和学校发展特色，对"4（5）"和"2"进行了更为细致的划分和组合，如表6-1所示。例如，普陀区真如文英小学学校每天开设一节体育课，统筹实施"每周5节体育课、2节体育活动课，每天30分钟大课间"，切实保证学生每天校园体育活动1小时。其中5节体育课实施了"3+1+1"模式，所谓"3+1+1"模式指的是3节基于体育课程标准的基础体育课，1节为学校作为全国篮球特色校而设立的篮球特色课程，1节是结合校园特色、在各年级开展的以培养学生专项体育技能为目的的体育课；2节体育活动课则具体实施为：1节体育活动课以"零点体育"的形式开展，在每天早晨第一节课前进行"规定+自选"式的阳光体育活动，另1节体育活动课是以全年级为单位进行的大体活课，让学生有更多时间进行练习，

表6-1 部分试点学校"4+2"模式构成一览表

学校	"4+2"模式	"4"的构成	"2"的组织
七色花小学	(2+2)+2	2=基础体育课 2=拓展体育课	年级
清水路小学	(3+1)+2	3=基础体育课 1=体育与健身课	年级
桃浦中心小学	(3+1)+2	3=基础体育课 1=足球专项课	年级
红星小学	(3+1)+2	3=基础体育课 1=特色课	全校+年级
华新小学	(3+1)+2	3=基础体育课 1=足球课	年级
西郊学校	1—3年级： (3+1)+2	3=基础体育课 1=校本课程	年级
	4—5年级： (2+2)+2	2=基础体育课 2=校本课程	

提高身体素质，促进学生养成体育锻炼的良好习惯，增进学生的身心健康，丰富校园体育文化生活。

"4 节体育课"，除了国家课程规定的内容，即基础体育课程之外，试点学校还根据自身特色和发展需求加入了校本课程、特色课程和拓展课程等，以满足学生生理、心理发展的需求。上海市黄浦区七色花小学为了让学生在体育锻炼中享受乐趣、增强体质、健全人格、锤炼意志，综合提升学生身体素质，以"兴趣化"为突破，聚焦体育学科核心素养，创新每周 4 节的"体育与健身"国家课程的设置，构建"2 + 2"的课程模式，即 2 节基础体育课和 2 节拓展体育课，其中 2 节基础体育课由本校体育教师任教，选用国家教材，重在开展"健康知识 + 基本运动技能"的教学；2 节拓展体育课则采用"双师型"施教模式，由在校体育教师与外聘专业教练共同完成教学任务，主要组织学生开展对高尔夫、棒球、攀岩、篮球等专业运动技能的学习。上海市长宁区西郊小学根据小学兴趣化教学指导思想和要求，结合学校校情制定了"小学体育兴趣化"教学实施方案，构建了小学体育兴趣化教学课程体系，实现了"4 + 2"课程要求的创新模式，即小学 1—3 年级的 4 节体育课程设计采取"3 + 1"的模式（3 节基础体育课、1 节校本课程），4—5 年级则采取"2 + 2"模式（2 节基础体育课、2 节校本课程），其中校本课程的开设分别为一年级"体操"、二年级"武术"、三年级"乒乓球"、四年级"体育舞蹈"和"排球"、五年级"小篮球"和"高尔夫"，通过游戏化和多元化的教学模式和组织形式，充分挖掘课程的内涵和价值，培养学生的运动兴趣。

"2 节体育活动课"在组织形式上倾向于分年级组织不同内容的运动技能和身体活动的学练，内容安排上则通过利用已有资源以及引入校外资源，设置符合学生年龄特点和兴趣需求的课程内容，激发学生的体育学习兴趣，力求让每一位学生在小学阶段接触多项运动项目，为提升学生运动能力和培养学生体育锻炼习惯奠定基础。上海市黄浦区七色花小学从培养学生兴趣出发，精心设计每周2节的体育活动课，集结校外优质专业课程资源，由外聘专业教练执教，让体育活动课走向专业化，体育活动课程的内容既有体育舞蹈、花式足球等学校特色项目，也有舞龙舞狮、武术等民族传统项目，还包含高尔夫、斯诺克、保龄球、冰壶等新型体育项目，组织形式则采用各班有序轮转学习，一般一年能做到三个项目的普及。

此外，除了针对现有的基本体育课时安排模式进行划分，部分学校结合学生发展需求和学校实际情况，在基本体育课时要求的基础上增设了其他课程，构建了独具特色的新体育课程模式。嘉定区同济大学附属小学秉承"济人济事，成人成才，让每一位孩子出彩"的办学理念，以"小学体育兴趣化试点校"为契机，依托高校优质课程资源，形成"乐学习、会健身、能合作"的体育课程理念，打造出"多元、趣味、开放、创新"的体育"5+2+x"课程体系，其中"5"是以兴趣化为导向的国家体育课程，"2"是体育活动课程，而"x"则是自主选择性课程，这样的课程安排充分发挥了学生的主体地位和能动性，为提高学生参与体育的兴趣奠定了扎实的基础。上海市一师附属江帆小学在小学体育兴趣化教学中开启了"5219N+"的课程架构模式，其中"5"代表学校各班每周设置的五节基础体育课，由专任体育教师任教；"2"代表各班每周设置的两节体育活动课，由体育组统一布置落实，由普通教师上课；"1"代表每天一次的30分钟体育大课间，由多样化的舞蹈、长跑等组成；"9"代表该校的9个精英社团，分别是田径、篮球、精英足球、啦啦操、游泳、高尔夫、民俗体育、轮滑、围棋；"N+"代表自主选择性课程，学校能够根据本校学生的身心特点设置兴趣化课程，较为真实地做到了"教会、勤练、常赛"，逐步完善了"健康知识＋基本运动技能＋专项运动技能"学校体育教学模式，致力于让每位学生掌握1—2项运动技能。

可见，为深入实践"小学体育兴趣化"的课程改革，各学校不论是严格执行"4（5）＋2"模式，或是结合校情创设的其他模式，都能以"兴趣化"为突破，聚焦体育学科核心素养，充分挖掘校内外资源，因地制宜、分层次、分阶段地开展丰富的体育课程和活动，让每一位学生在五年的学习过程中接触并掌握1—2项喜欢、擅长并能长期坚持的运动项目，力求更大限度地促进学生体能与技能均衡且全面地发展。

（二）初中体育课程类型

依据第三方评估标准，在上海学校体育评估中心的评估和督导下，上海市各初中试点学校基于《义务教育体育与健康课程标准》和上海市"初中体育多样化"课程改革的精神要求，精选丰富多样的教学内容，注重对学生运动兴趣的激发和保持，关注学生的技能学习、体能发展和品格培养。在落实"4节体育课＋1节活动课"基本课时模式的基础上，结合本校实际情况安排课的类别和内容，对"4＋1"模式中的课程类型进行了详细划分和优化，呈现了不同的课程类型搭配。

除了国家课程规定的内容，部分上海市初中试点学校还将校本课程、特色课程、专项课程等作为"4节体育课"的一部分，以满足学生生理、心理发展的需求。"1节体育活动课"重点体现了组织形式的不同，如表6-2所示。黄浦区市八初级中学以"抓住体育课、不放活动课、关注日常课"的多样化课程改革思路，充分发掘本校教师的专业特长，利用体教结合让专业教练进校园，引进社会教学资源，如传统武术进校园、初高中篮球结对教学等，在落实"4+1"课程课时模式的基础上，创新"2+1+1+1"课程模式（"2"指的是每周两节基础体育课，三个"1"分别是1节小场地多样体能课、1节特色提高课、1节自主活动课），发展学校特色课程，开展多样体能课程，在学生经历多个运动项目和多种体验的基础上，促进学生体能发展，尊重学生个体差异。青浦区东方中学严格执行"4+1"的体育课时安排，在课程设置上改变以往的"3+2"模式（3节基础体育课、2节体育活动课），采取了"3+1+1"模式（3节基础体育课、1节学科拓展体育课/学科特色课、1节体育活动课）。其中，3节基础体育课采用1班1教师的形式进行常规教学；1节学科拓展课根据体育课授

表6-2　部分初中试点学校"4+1"模式构成一览表

学校	"4+1"模式	"4"的类型	"1"的组织
康健外国语实验中学	(2+1+1)+1	2=基础体育课 1=多样化校本课程 1=体锻课	年级
古华中学	(3+1)+1	3=基础体育课 1=体育多样化课	全校
市八初级中学	(2+1+1)+1	2=基础体育课 1=体能课 1=特色提高课	自主锻炼
虹口实验学校	(3+1)+1	3=基础体育课 1=体锻课	走班
正大中学	(3+1)+1	3=基础体育课 1=足球课	年级
梅陇中学	4+1	基础体育课 学校特色课	年级
上海对外经贸大学附属松江实验学校	4+1	基础体育课 校本课程	年级

课内容进行纵向拓展，加深对学科知识的认知，让每个学生拓展自己的兴趣爱好，或在自己喜欢的运动项目上进行技能提高，提升自身身体素质，养成体育锻炼习惯；1节体育活动课采用1班1教师的教学形式，根据教情和学情，选取多样化的运动项目。

此外，由于升学压力等因素而未严格执行"4+1"课程课时要求的初中试点学校，根据《指导意见》等政策，结合学校实际情况，同样也构建和优化了本校的体育课程类型，针对不同年级设置了不同课程的多样化课程模式，如表6-3所示。长宁区天山初级中学将"三

表6-3 分年级课程安排与设置一览表

学校名称	课程模式	分年级课程管理	设置不同课程模式原因
上海市金山初级中学	"3+1+1"模式 3=基础体育课 1=身体素质课 1=特色课	六、七、八三个年级	九年级面临升学
	"2+1+1+1"模式 2=基础体育课 1=身体素质课 1=特色课 1=中考相关课	九年级	
罗南中学	"4+1"模式 4=基础体育课 1=体育活动课	八年级	体育场地设施与学校的自有资源有限；师资力量、教材开发、训练管理等不足
	"3+2"模式 3=基础体育课 2=体育活动课	六、七、九三个年级	
天山初级中学	"3+2+2"模式 3=基础体育课 2=课间操 2=体育活动课	八、九年级	结合"排球布点学校"的优势，引导学生掌握1—2项运动技能，为升入高中后的专项化学习打下基础
	"3+1+1"模式 3=基础体育课 1=体育活动课 1=排球专项课	六、七年级	

课、两操、两活动"排入学校课表,八、九年级采取了"3+2+2"的体育课程模式(3节基础体育课、2节课间操、2节体育活动课),而六、七年级则结合"排球布点学校"的优势,采取了"3+1+1"的课时模式(3节基础体育课、1节体育活动课、1节排球专项课),引导学生掌握1—2项运动技能,为升入高中后的专项化学习打下基础。

三、课外体育活动优化

活动课程是学校体育育人的重要环节,起到丰富学生运动体验、濡化体育文化、促进运动技能掌握、形成体育爱好的重要作用。为进一步深入贯彻和落实上海市"小学体育兴趣化、初中体育多样化"课程改革理念和精神,第三方评估单位上海学校体育评估中心关注课外体育活动对课程改革的呼应,强调校园体育对"小学体育兴趣化、初中体育多样化"课程改革的补充。

对此,在第三方评估单位上海学校体育评估中心的督导和评估下,各试点学校秉持"理念先行,行为跟进"的方针,以先进的教学理念为指导思想,构建了富有本校特色的体育与健康课程体系,并充分调动、整合和利用社会各界资源,丰富和发展本校的课外体育活动,坚持限定课程与自主选择相结合、兴趣普及与个性提升相结合,在课外体育活动的组织形式、内容安排和执教师资等方面投入了大量精力,强调"小学兴趣化体育、初中多样化体育"的建设,取得了一系列的课程改革成果。

(一)活动形式与内容

在第三方评估单位上海学校体育评估中心的长期督导下,上海市中小学试点学校的课外体育活动精彩纷呈,通过体育社团、体育节、运动会、体育比赛、大课间、运动队等形式来组织和开展课外体育活动，其中体育社团、体育比赛和体育节的组合形式较为常见。虽然在组织形式上呈现一定的趋近性，但在活动内容方面，上海市中小学各试点学校主要是在"小学体育兴趣化、初中体育多样化"课程改革的理念下，基于学生的身心发展特点，结合本校的体育项目特色设置的。

1. 以社团、运动会（竞赛）为主要形式，组织学校的课外体育活动

上海市华东师大一附中实验小学秉承"为学生提供适合他们发展的教育"理念，依据"上海市中小学五项管理新要求"，将"融学生之需，显体育之趣，重育人之本"作为推进体育课程改革的根本导向，不仅为学生提供了充满个性的社团活动，满足学生运动的愿望和多样需求，还会在每个学年的第一学期坚持开展以"两跳一踢"为主题的冬季运动会，每年春季开展以足球为主题的"运动快乐，'足'梦未来"运动会，还会组织以"庆六一"为主题的队列评比和趣味运动会等。静安区中山北路小学开设了笼式足球、篮球、跆拳道、啦啦操、击剑、射箭等体育社团，并且根据不同年级学生的运动发展要求，定期开展主题式运动竞赛，如每月的"班班赛"和"月月赛"主题竞赛。黄浦区市八初级中学结合本校学生特点，开展了多样体能课程，在学生经历多个运动项目和多种体验的基础上，促进学生体能发展。为满足学生不同的体育兴趣需求，学校还根据本校教师专长开设了篮球、健美操、武术等社团。同时，学校还积极开展体育节活动，举办队列广播操比赛、体育知识竞赛、各年级个人赛及团体赛活动，在增加学生课外锻炼内容的同时，丰富校园体育文化。青浦区东方中学从多样化课程改革出发，改变传统体育教学模式，促进体育课程向课外延伸，坚持课内外联动。为满足学生不同的体育兴趣需求，学校依据本校教师专长开设了田径、健美操、篮球、羽毛球、围棋、击剑等社团，同时通过购买社会资源增设了冰壶社团，这些社团采用校内教师和外聘专业教练组合的模式，通过项目多样化的设置，为学生提供更多的选择，通过这些项目的普及和推广，增加了学生对相关体育知识和技能的认知，为高中阶段的体育专项化打下一定基础，丰富了校园体育文化，促进了体育多样化课程改革。此外，为更好地提高学生的运动兴趣，提升学生核心素养，学校还设置了专门的竞赛组长，负责学校体育竞赛活动，通过丰富多样的校园竞赛活动，给学生提供各样的展示平台。具体的学校体育竞赛活动包含以下内容。

（1）校级运动会，是学生最感兴趣和展示自我的盛会。运动健儿在运动会上大展身手，在开幕式表演中，有运动特长的学生大放异彩，进行篮球操、彩带操、武术操、街舞、健美操、击剑、空竹等表演。运动会为学生展现运动技能提供了校级平台，同时提升了学生的自信心和集体荣誉感。

（2）冬锻月比赛，以"我运动，我健康，我快乐"为主题，以班级为单位，六七年级开展踢跳、拔河、迎春长跑；八年级开展足球、拔河、迎春长跑；九年级开展篮球、拔河、迎春长跑。鼓励人人参与，增强学生体质，使学生充分享受运动带来的乐趣，并邀请家长参与亲子游戏，促进家校沟通，增强教育的合力。

（3）区、市级比赛，对于运动技能突出的学生，学校会进行选拔并组织参加区、市篮球比赛、足球比赛、田径比赛、运动小达人比赛等，让学生在比赛中展示运动技能水平，培养其团队凝聚力，为高中专项化发展奠定了良好的基础。

（4）校外模式，学生根据自身技能水平，参加社会组织的比赛，在发展个人兴趣的基础上，不断提高运动技能水平。

2. 以运动队、运动会为主要形式，组织和开展学生的课外体育活动

长宁区古北路小学依托体育集会，每学年举办体育节、体育嘉年华、亲子运动会、校园运动会、排球班班赛等活动，其中具有学校特色的校园运动会为期一个月，会进行拔河比赛、跳绳比赛、仰卧起坐团体赛、接力跑、立定跳远团体赛、广播操比赛等各项团体赛事。奉贤区南桥小学根据不同体育项目组建运动队，配备专门教练，同时积极鼓励学生参加各类体育竞技比赛，已在区级乒乓球、足球、棋类比赛中获得多枚金银牌，同时学校的围棋项目建设和学生表现更是得到了中国围棋协会的认可。此外，学校还通过秋季田径运动会、冬季长跑、跳踢比赛、阳光体育等活动进一步充实了学生的学习生活，培养了学生的运动兴趣，大大激发了学生参与体育技能学习的乐趣和锻炼热情、团队意识和荣誉感。基于此，该校先后被评为全国足球特色学校、全国网球特色学校、足球精英训练营承办学校、上海申鑫足球俱乐部青训基地校、上海市田径联盟校，2018年成为奉贤区第一轮足球品牌特色学校、围棋品牌优秀学校。

3. 以社团、运动队、运动会等多种形式来组织和开展课外体育活动

闵行区康城实验小学于周一下午的"快乐活动日"开设了丰富多彩的拓展课，成立了篮球、踢跳、羽毛球、田径、乒乓球、武术等社团，如表6-4所示，同时在不同年级普及不同的体育项目，成立了年级、校级体育活动队，还开展了每年一届的校园足球文化节、踢跳比赛、田径运动会，以丰富校园体育内涵，激发学生的运动兴趣，培养体育运动习惯。青浦区御澜湾小学开设了能促进学生体育运动专项特

表 6-4 闵行区康城实验小学社团

序号	社团名称	序号	社团名称
1	启跳篮球	10	黑白大战
2	"绳彩飞扬"踢跳社	11	小松鼠乒乓球社
3	明星羽毛球社团	12	足球
4	玩转篮球社	13	武术社团
5	阳光田径社	14	小小建筑师
6	乘风破浪船模社	15	快乐竞技小达人
7	旋风冲锋车模社	16	乒乒乓乓嘻哈乐
8	飞向蓝天航模社	17	快乐游戏点亮童年
9	比特编程机器人	18	棋乐无穷

长发展的社团和面向体育运动队的训练课程,如乒乓球、射箭、棒垒球、羽毛球、OP帆船、武术、篮球、足球、排球、健美操、轮滑等项目,如表6-5所示。同时学校还坚持开展室内操、大课间活动、一年一度的秋季运动会、体育健身节、快乐330等活动,逐步形成了体育与健身、体育兴趣拓展课、体育社团、校园体育活动等较为完整的体育课程体系。徐汇区实验学校附属小学在课后的兴趣课程(社团)中,开设了足球、篮球、武术、滑冰、羽毛球、广播操、啦啦操、赛艇等体育项目,同时还组建了学校运动队,让有特长的学生接受外聘专家的专业训练。此外,校园足球是附属小学的传统特色项目,因此,学校创办了校级足球联赛,邀请专业人士开设相关课程,通过班级比赛为学生、家长和裁判搭建了实践平台,从而实现了全员参与、全员共育的目标。男女校队积极参加各级各类赛事,多次获得市、区级一等奖,学校足球社获得区星级足球社团的荣誉,学校被评为全国青少年校园足球特色学校。

表 6-5　青浦区御澜湾小学体育社团训练安排

序号	项目名称	时间	地点
1	乒乓球	每天 7:30—8:20 15:25—17:30	室内风雨操场
2	射箭	每天 15:30—17:00	学校射箭馆
3	棒垒球 （U9、U11）	每周一、周二、周四 15:30—17:00	学校操场
4	OP 帆船	双休日	少体校
5	羽毛球	周三 14:30—16:30 周五 14:30—16:00	青浦体育中心
6	轮滑	周二 15:30—17:00	学校操场
7	武术	周四 15:30—16:30	学校操场
8	足球	周四 15:30—16:30	学校操场
9	篮球	周一 15:30—16:30	学校操场
10	排球	周四 15:30—16:30	学校操场
11	健美操	周二 15:30—16:30	舞蹈房

4. 以大课间、社团为主要形式，组织和开展课外体育活动

金山区第二实验小学开展了"5+2"体育课程、"阳光大课间"活动、"快乐社团"活动三个模块的体育兴趣化课程，确保学生每天在校的运动时间达到 1 小时以上。周一至周五每天 8:55—9:35 为体育大课间活动，活动内容包括广播体操、韵律操、身体素质练习、体育游戏、民体活动以及冬季耐力跑等，使学生通过"阳光大课间"能够快乐游戏、愉悦身心。此外，为响应"双减政策"，进一步丰富学生课后时间、双休日及寒暑假校外每天锻炼 1 小时等体育活动内容，学校根据教师特长和学生兴趣开设了足球、篮球、排球、羽毛球、乒乓球、花样跳绳、跳踢、田径、拉丁舞等"快乐社团"活动，每周 1—2 次，每次 1—2 小时。上海市第一师范附属小学崇明区江帆小学在

小学体育兴趣化教学中开启了"5219 N＋"的课程架构模式，根据本校学生的身心特点设置兴趣化课程，较为真实地做到了"教会、勤练、常赛"，逐步完善"健康知识＋基本运动技能＋专项运动技能"学校体育教学模式，让每位学生掌握1—2项运动技能。

5. 以大课间、社团和运动队的形式，组织和开展课外体育活动

松江区东华大学附属实验小学为了贯彻"每天锻炼1小时"的要求，以轮换的形式开展趣味性、健身性、集体性的大课间体育活动，同时引入拳击、旱地曲棍球等金牌项目，根据教师专项特长，组建了体操、啦啦操、足球、篮球、排球、网球、乒乓球、羽毛球、田径、踢跳、武术、旱地冰球、拳击、攀岩等20多个学校体育社团，并且逐渐形成梯队。这些体育活动不仅为学生搭建了展示自我的平台，丰富了学校体育活动的内涵，也激发了学生对体育的热情，培养了学生顽强拼搏的意志品质，学校学生曾荣获上海市首届学生攀岩锦标赛男子冠军、上海学生网球锦标赛男子单打冠军等荣誉。

(二) 执教师资

《指导意见》指出，要"配足配齐承担中小学体育教学任务的教师，充分挖掘和合理安排学校现有的教师资源，提高教师职称水平和学历水平，增加高级教师比例，引进或聘用具有高水平、适合本次课程改革教学任务的教学人员"。对此，在第三方评估单位上海学校体育评估中心的督导和评估下，各试点学校在整合自身资源的基础上，通过借助体育局资源、与社会优质体育俱乐部合作、外聘优质教练员或教师等途径，充分利用社会人才资源，引进专业性较强的体育人才，拓展校内师资力量，加强课外体育活动的师资配备，强有力地推进了"小学体育兴趣化、初中体育多样化"课程改革的落实。

1. 借助体育局资源

长宁区古北路小学借助体育局推荐的武术、跆拳道、击剑等项目的专业教练，邀请其定期来校指导工作，并对体育教师进行培训，提升教师的业务能力和专业素养。时代中学借助体育局、区活动中心等外部资源，每年至少有五位老师来协助时代中学开设体育类拓展课，授课项目为：排球、篮球、健美操、武术、网球、竞技航模、跆拳道、花样跳绳。

2. 与社会优质体育俱乐部合作

闵行区康城实验小学深刻认识到体育教育在整个素质教育中的重要地位，引入社会优质体育教育资源，创建了体育特色品牌，发挥体育教育在促进学生全面发展中的功能作用，始终坚持"汲取、融合、创新"的办学思路，遵照"资源共享，人才共育，特色共建"的体教结合原则，2006年与上海幸运星足球俱乐部合作，经过十几年的努力，走出了一条"体教一体，培养优秀足球后备人才"的校园体育特色创建之路，同时学校汲取足球项目"体教结合"的成功经验，还与上海国际象棋小世界棋艺俱乐部、闵行区纵腾青少年体育俱乐部、自正武堂等社会体育俱乐部合作，借用他们的优质体育教练资源，拓展体育课外活动，成立了篮球、踢跳、羽毛球、田径、乒乓球、武术等社团。随着学校办学规模的不断扩大，为了满足学生全面与个性发展的需要，又先后与上海启跳体育管理咨询有限公司、睿泽云涌体育文化有限公司、闵行区陀持青少年乒乓球俱乐部等社会优质体育机构合作，形成校园体育发展合力，努力用好合作的社会优质体育资源，绘就"一体两翼"校园体育发展蓝图，实施以足球和篮球为主体，以田径为基础，以小型体育和军事体育为两翼，如羽毛球、乒乓球、踢跳、围棋、国际象棋、健美操、风筝以及武术、射艺、体育舞蹈、智能机器人等，积极开展校园体育活动，丰富校园体育内涵，发展校园体育事业，满足不同兴趣的学生个性化发展需求，全面提升校园阳光体育运动品质，促进学生体质健康水平稳步提高。奉贤区南桥小学长期与社会体育俱乐部合作，聘请优质教练入校承担体育特色项目课程的教学，由学校在职教师与外聘教师共同完成学校体育教学任务，涉及的项目有羽毛球、足球、篮球、空手道、跆拳道、围棋、象棋。

3. 外聘优质教练员或教师

普陀区真如英中心小学在课程管理上形成了"一把手亲自抓，分管领导具体抓，体育组与班主任、体育扩展课外聘教师、各体育社团小组联动"的机制，整体上保证了"小学兴趣化"各项课程的有效实施，共外聘了武术、围棋、乒乓、体育舞蹈、射击、羽毛球、足球等专业教练10人，外聘教练既弥补了师资的不足，又使学校体育在专业上得到了保障。青浦区东方中学为丰富学生的体育锻炼项目，坚持课内外联动，学校依据本校教师专长开设了田径、健美操、篮球、羽毛球、围棋、击剑等社团，购买资源增设冰壶社团，丰富校园体育文化，促进体育多样化课程改革，同时聘请校外专业的体育教练，由校内教师和外聘专业教练组合授课，通过项目多样化的设置，为学生提供更多的选择。

第二节 课程评价层面

体育课程评价是体育课程体系框架的核心内容，也是检验体育课程实施效果的关键环节。为确保"小学体育兴趣化、初中体育多样化"课程改革的顺利推进，《指导意见》提出了"深化评价改革，注重健身育人"的课程改革基本任务，强调要积极探索既符合未来发展目标，也适用于当前学生实际情况的相对统一的评价办法，逐步形成技能与体能相结合的科学评价体系，以构建有利于促进学生发展的综合评价体系。

对此，第三方评估单位上海学校体育评估中心重视对试点学校课程评价改革情况的评估。在第三方的长期督导下，部分试点学校及时学习和领会课程评价改革的内容和要求，结合学校体育课改实施方案和学校综合育人方案，坚持"立足过程，促进发展"的新理念，革新了现有课程评价制度，构建了有利于学生全面发展的综合评价体系，整体呈现出"课程评价内容更具综合化，评价方法趋于多元化"的特征。

一、评价内容综合化

在"小学体育兴趣化、初中体育多样化"课程改革理念的引领下，上海市试点学校的课程评价内容不再局限于学生的体能方面，而是聚焦于学生的核心素养，扩展和延伸至学生的健康行为和自身发展等诸多方面，评价内容呈现一定的综合化趋势。普陀区真如文英小学在课程评价这一环节中，以"聚焦体育核心素养，进行综合评价改革"为主题，聚焦体育素养的基本要求，结合上海市学生体育素养评价体系和学校自身实际情况，开展了体育课程综合评价改革1.0的探索，制定"好习惯、好技能、好体能"三好体育综合评价体系，这种综合评价体系的构建和运用，很好地给予学生一个精准的"数字画像"，进而做到了"为学生未来而教"的理念并达到充分发展学生身心素质这一目的。徐汇区虹桥路小学坚持"立足过程，促进发展"的评价原则，围绕"运动能力""健康行为""体育品质"，结合各种教材特点和多种教学方法，向学生颁发"我运动""我健康""我快乐"小旗帜，评选运动之星，注重体育课的育人作用。崇明区建设小学结合学校体育节、运动竞赛及各类主题活动展示等,结合学校"乐宝评价体系",从学习表现和实践活动两个方面展开评价,以评价激励学生参与学习和活动的积极性,促进孩子健康成长的能动性,满足学生多元化发展愿望,不断推进学校体育兴趣化课程改革步伐。

从整体来看,与小学试点学校相比,中学试点学校在课程评价方面的改革仍有待进一步开展和推进,但也有部分试点学校做出了很好的改革示范。上海对外经贸大学附属松江实验学校为深入推进初中"体育多样化"课程改革,坚持"立足过程,促进发展",逐步建立学生综合评价制度,其中建立的学生记录册旨在记载学生在体育活动过程中的点滴感悟收获,而教师记录册则重点展现教师在备课、课后反思、课前活动设计等环节的情况。除了日常的体育课程考核,学校还通过家长开放日、主题活动、区域展示等途径,引导学生展现自信阳光的体育精神,培养学生良好的品质和道德情操。

二、评价方式多元化

"小学体育兴趣化、初中体育多样化"体育课程改革是以"为了每一个学生的终身发展"教育理念为引领,坚持"健康第一,全面育人"的指导思想,其最终目的是促进学生的身心健康发展,为学生终身参与体育活动奠定坚实基础。为了达到这一目标,在课程改革的不断深入和推进下,体育课程的评价方式一改往日仅以运动成绩作为评价学生的单一方式,而是呈现多元化趋势。在课程改革理念的引领和第三方的督导下,上海市部分试点学校采用定性和定量、客观与主观、终结性与过程性等多种方法相结合的方式开展综合评价。

为了激发学生的学习热情,促进学生养成良好的行为习惯,金山区朱泾小学开设了"雷锋银行"评价机制,调整了各年级"身体素质发展和身体活动方法"比例，运用语言评价和等第制两种考核评价方式，对行为习惯、学业成绩、表现情况良好的学生给予"雷锋币"奖励，存入"个人储蓄卡"，每月开展"兑换"业务，实现正能量的积累。虹口区华东师范大学第一附属实验小学建构了"用'星'迈好每一步"五星十级校本学业评价体系，强化"三三制"的评价实施要点，即把握评价的三个阶段：日常评价、阶段评价、期末评价；明确评价的三个主体：自我评价、同伴评价、教师评价；确立评价的三个维度：学习习惯、学习兴趣、学业成果。嘉定区同济大学附属小学在教学过程中，采取语言、数据、挑战任务、奖励存储等多元化的评价手段对学生在课堂上的表现进行评价，激发学生的学习兴趣，使学生养成良好的运动习惯。上海市天山初级中学为了激发学生的体育学练兴趣，形成会运动、会欣赏、会评价的终身体育行为，从2017年开始就根据各年龄段学生的身心特点制定了不同的过程性评价标准，学生每个学期可对自己和同学进行三次评价，评价形式多样，可以点亮五角星，可以提出不足和改进建议，也可以填写寄语。

此外，第三方评估单位上海学校体育评估中心在最新的实地调研中还发现，试点学校将评价进行了更有价值的转化，学校不仅每年对学生的体质健康进行评估和检测，而且运用了互联网大数据技术，为在校的每位学生建立了可视化的个人档案，并据此为学生量身定制了个人指导方案，极具针对性和实效性，能够有效提升学生的运动能力并改善薄弱环节。

第三节　家校联动层面

"提高人民健康水平"是《健康中国2030规划纲要》的一个宏伟

愿景。习近平总书记尤其重视青少年健身运动的普及发展，鼓励青少年积极投身体育锻炼，强调从娃娃抓起，推动全民健身的开展。但青少年儿童的健康水平提升不应局限于校园内，还应该延伸到家庭教育之中。家庭、社会对学生的体育教育同样重要。2016年国务院办公厅发布的《关于强化学校体育促进学生身心健康全面发展的意见》提出了"中小学生要合理安排家庭体育作业，逐步形成学校、家庭、社区联动，共同指导学生体育锻炼的机制"的要求，同时《上海市中小学体育工作管理办法》提出"各学校要加强课外、校外体育锻炼，全面实施学校体育家庭作业制度，将家庭体育作业完成情况纳入日常考核范围"，这不仅标志着体育学科地位的再次提升，也预示着学校体育"家校社共育"的目标导向。

本次"小学体育兴趣化、初中体育多样化"课程改革工作评估调研中，共有18所学校在落实体育课程改革的过程中，通过家庭作业、亲子游戏、家校评价等形式实施家校联动，并且部分学校还与学校相近的社区实现了联动，拓宽家校、社区的合作渠道，丰富了体育改革落实的形式，实现了课程改革向家庭延伸，具体包括：布置体育家庭作业，实现家校体育教育的正向迁移；构建家校互动平台，促进家校的高效联动；校内外与社区相结合，充分实现家庭—学校—社区齐合作等。除此之外，在调研数据反馈中还有一些学校以疫情居家锻炼为契机，利用学校自主制定的防疫期间居家锻炼的方案和空中课堂的平台，将校内外的体育进行更好地有机整合。

一、布置家庭体育作业，实现家校体育教育的正向迁移

为有效减轻义务教育阶段学生过重的作业负担和校外培训负担（以下简称双减），中共中央办公厅、国务院办公厅印发《关于进一步

减轻义务教育阶段学生作业负担和校外培训负担的意见》。双减与近两年国家频繁出台的学校体育与青少年体质健康文件相呼应，为青少年健康成长与学校体育发展提供了良好契机。双减政策对学科课后作业与培训的限制为包括体育在内的非学科课外作业提供了施展空间。近两年出台的学校体育与青少年体质健康文件均要求"中小学校要合理安排家庭体育作业""全面实施寒暑假学生体育家庭作业制度""督促孩子认真完成寒暑假体育作业""鼓励利用大数据平台实施体育家庭作业制度""学校要对体育家庭作业加强指导"，可见国家对课外体育作业的重视程度。

越来越多的学校在把握好校内体育课堂质量的同时，将目光放在课堂外，将学生体育锻炼布置与指导延伸到家庭中去。青浦区华新小学注重培养学生的自我锻炼意识和兴趣，除了课堂教学，体育教师注重将体育活动和趣味游戏由课堂向学生生活延伸，布置一些简便易行、富有乐趣的体育作业，指导学生完成并记录，通过加强体育作业指导，逐步实现由教师指导向自主自觉锻炼转变。闵行区梅陇中学、金山初级中学利用寒假、周末布置体育家庭作业，要求家长拍视频进行监督，教师对上传的视频进行检查评价，逐步探索出了一套符合自身学校发展的家庭作业体系。上海交通大学附属实验小学、上海外国语大学松江外国语学校及徐汇区虹桥路小学从学校体育改革的根本上出发，在家庭作业的布置上更加注重学生的个性化发展，其中上海交通大学附属实验小学的家庭作业，设置了必练体育活动和自主选择体育活动两大板块，在补足学校内体育锻炼的前提下注重培养学生对于体育运动的兴趣；徐汇区虹桥路小学不仅注重体能锻炼的课后作业，还开发可达成、有趣味性的技能练习，在增强学生体能的同时还激发学生对体育的兴趣。

综上，试点学校在提升学生校内各项数据的同时，关注学校体育向家庭的延伸，构建了符合自身特色的体育课后作业体系，包括作业清单、评价等，能够让学生在学中玩、玩中学，真正做到了家校体育教育的正向迁移。

二、构建家校互动平台，促进家校的高效联动

在"小学体育兴趣化、初中体育多样化"课程改革评估中，部分试点学校在落实和推进学校体育课程改革的进程中，通过开展亲子体育游戏、构建家校线上互动平台、增设线上评价机制等途径，加强了与家长的联系和互动，充分创设了家庭体育锻炼的良好氛围，促进了学生体育锻炼的有效落实，实现了家庭和学校的联动育人。

首先，开展亲子体育游戏，创设家庭体育锻炼氛围。苏霍姆林斯基说过，"最完备的社会教育是学校—家庭教育。家庭以及存在于家庭中的子女与家长间的相互关系，是智育、德育、美育和体育的第一所学校"。家庭的氛围对于青少年儿童的成长具有深刻的影响。家庭氛围好，学生的各项发展都会比较全面。开展亲子游戏可以有效创设家庭的体育锻炼氛围，加强学生对于体育锻炼的兴趣。在第三方调研的众多所学校中，金山区朱泾小学、青浦区华新小学、青浦区东方中学等均通过开展亲子体育游戏等方式来创设家庭体育锻炼氛围，促进学生体育锻炼习惯的形成。长宁区古北路小学每年都会邀请家长参与学校举办的校园运动会等亲子体育活动，让家长更近距离地了解学校体育的特色、文化，深化学生及家长对体育的认识，以此鼓励家长督促学生参加各项体育锻炼。金山区朱泾小学通过开展亲子体育游戏，让父母陪同孩子一起在体育中寻找快乐，为学生后续的体育锻炼奠定基础。青浦区东方中学利用学校冬锻炼月比赛，邀请家长参与亲子游

戏，增强了家校教育的合力。青浦区华新小学在布置各项体育作业的同时注重家长参与，利用学校的足球教学资源，每年举办足球亲子嘉年华，加深家庭对学生体育活动的参与程度。亲子体育游戏环节的开发、组织与开展，在提升家校互动的同时，全方位地增强了学生参与体育运动的积极性。

其次，构建体育互动平台，实现家校联动育人，任何好的方案都离不开双方的良好沟通。2021年10月23日通过的《中华人民共和国家庭教育促进法》关于家庭责任规定"未成年人的父母或者其他监护人应当合理安排未成年人学习、休息、娱乐和体育锻炼的时间"，家庭有责任参与学生的课外体育作业。在参与调研的学校中，很多试点学校都建立了有关体育的家校互动平台。上海外国语大学松江外国语学校利用微信公众号平台构建了家校互动模式，该平台有助于学校快速收集家庭锻炼信息，并根据收集到的信息与学生进行互动、并做出指导和评价，同时也可以让家长通过平台获取有价值的体育信息，从而有针对性地开展体育锻炼。徐汇区虹桥路小学通过学生体质、视力等数据的呈现，引导家长全面关注学生的身心健康，同时学校还依据数据为每个学生提供了个性化健康指导（运动、饮食等方面），实行一人一策，并进行校内外的跟踪指导、阶段反馈。综上，建立一个有效、合适的平台不仅可以最大力度地发挥上传下达的作用，还可以根据个人运动的特殊性，指导学生在校外开展更合理、更健康的体育锻炼。

最后，增设线上评价机制，促进体育锻炼的有效落实。在学校开始实施体育课后作业之后，如何评价成为了各个学校布置课后作业的一个难点。在参与调研的试点学校中，上海市崇明区正大教育集团登瀛校区利用小黑板网络和学校新开发的网站，对学生上传的体育课后作业进行评价，同时每周评选出各类组别，以创造良性的竞争氛围。不仅如此，学校还成立了家委会、网课群等各类群组，帮助学生参与到体育课后作业之中，提升体育锻炼兴趣。上海对外经贸大学附属松江实验学校则从家长对于学校教师的评价入手，注重对教师的考核，增加了学生家长对任课老师的打分评价。综上，在家校联动的基础上提升评价的合理性和必要性，可以提高学生参与体育课后作业的积极性，增强学生对体育运动的热爱，同时加强"家"对于"校"的必要性评价，促进教师更好地开展校内外的体育工作，更契合学生的情况，从而进一步提升学生对体育活动的热爱和兴趣。

三、校内外与社区相结合，充分实现家庭—学校—社区齐合作

2016年国务院办公厅《关于强化学校体育促进学生身心健康全面发展的意见》提出："中小学校要合理安排家庭体育作业，家长要支持学生参加社会体育活动，社区要为学生体育活动创造便利条件，逐步形成家庭、学校、社区联动，共同指导学生体育锻炼的机制。"社区作为学生生活居住的地方，是学生活动的主要场所之一，在社区内的体育设施上完成课外体育作业可以有效促进学校、社区和家庭体育教育的有机融合，带动社区体育发展，促进学生的体育发展。

体育运动可开展的范围不应该局限于学校和学生的家中，上海市崇明区正大教育集团登瀛校区在拓宽家校联动的同时，还邀请社区干部及社区群众一起参与到学校的大课间活动中去，让教师在社区针对一些体育运动进行普及，将互动的层次上升到了社区，该校的这种"三方位齐努力齐合作"的形式最大程度地实现了学校体育向校外的拓展。

整体而言，当前学校与社区的联动已初见形态，但与家校联动相比，学校与社区的联动还有很大的发展空间。社区是学校教育与家庭教育在空间和时间上的延伸，可以为学校教育与家庭教育提供文化背景、环境基础以及丰富的教育资源。因此，构建良好的学校—社区合作和联动，是学校体育教育的有力补充和有效拓展。未来在加强学校—家庭联动的同时，还应注重学校—社区两方，甚至学校—家庭—社区三方的有效联动，形成体育教育合力，促进学生身心健康的全面发展。

第七章
第三方评估标准下的上海市体育教师教学改革成效

随着上海城市发展的"五个中心"建设和社会主义现代化国际大都市国家战略的推进、"健康上海2030"规划各项措施的全面落实，传统的学校体育课程内容、教学模式、教学组织和方法与青少年学生日益增长的体育学习需求之间的不平衡愈发凸显。"小学体育兴趣化、初中体育多样化"课程改革正是基于这一出发点，以"为了每一个学生的终身发展"教育理念为引领，坚持"健康第一，全面育人"的指导思想，力求为学生的身心健康发展和终身参与体育活动奠定坚实基础。

在课程改革理念的引领和第三方上海学校体育评估中心的监督反馈下，各试点学校以"小学体育兴趣化、初中体育多样化"课程改革为契机，全面更新传统教学理念，聚焦学生的身心健康发展，开展丰富的教研活动，促进体育教师对课程改革理念的理解和认同，将课程改革理念和精神真正渗透和落实到体育教学文件和教学实践之中，提升体育教师的教学能力，增强教学效果，大力推进上海市学校体育课程改革。

第一节 教学能力层面

课程教学是学校体育课程改革实施的落脚点,体育教师对课程改革理念的全面理解及在教学实践中的有效落实是推进学校体育课程改革的关键所在。对此,第三方评估单位以上海市试点学校的教学文件、教研活动和教学设计等作为重点评估内容,了解试点学校体育教师对"小学体育兴趣化、初中体育多样化"课程改革理念的理解和认同,并考察试点学校体育教师教学能力的发展情况,以保障"小学体育兴趣化、初中体育多样化"课程改革的顺利推进。

一、教学理念

教学理念是学校开展教学工作的"导向标",是体育教师设计和实施体育教学实践的主要依据。"小学体育兴趣化、初中体育多样化"课程改革强调要全面更新传统体育教学理念,落实立德树人的根本任务,坚持德育为先、能力为重、全面发展的教育理念,以提升学生核心素养为重点,着力发展学生的运动能力和体能,提升学生运动兴趣及终身体育能力,为学生身心全面发展和适应社会生活奠定坚实的基础。

(一) 小学体育教学兴趣化

"小学体育兴趣化"强调在小学阶段的体育教学中,结合学生的身心发展规律,采取趣味性的教学方法和手段,激发学生广泛的体育与健身兴趣,引导学生热爱体育并主动积极参与体育活动,培养学生基本的体育素养,提高学生的身体活动能力和基本运动技能,养成良好的体育锻炼习惯，使身心得以全面发展。为了解此课程改革理念在上海市各试点小学体育教学中的贯彻和落实情况，第三方评估单位上海学校体育评估中心对上海市小学试点学校的教学文件、教研活动和教学设计等进行了评估。经评估，大部分小学试点学校能够以培养学生参与体育活动兴趣、激发学生积极性为主要目标来开展体育教学工作，如宝山区罗店中心校以"播下兴趣的种子，奠基孩子的未来"为办学理念，为每个年级开设了足球、棒球、武术、篮球、跳绳、羽毛球共6种运动项目的形体课课程，并打破"班级授课制"实行"走班制"体育教学，旨在让学生依据个人兴趣进行自主选课，培养和发展学生的体育兴趣，有效将兴趣化教学真正落实到体育课堂，同时为选拔优秀人才参加体育兴趣社团提供了平台。

同时，上海市大部分小学试点学校开展了丰富的教研活动，组织体育教师学习和领会课程改革精神，促进体育教师更新体育教学理念，并指导体育教师将教学理念有效贯彻落实到体育教学实践中。在此背景下，绝大部分体育教师表示能够适应"4+2"等体育课程模式（占比为98%），如图7-1所示。体育教师的体育教学能力也明显提升，能够全面理解并认同"小学体育兴趣化"课程改革理念，并将"小学体育兴趣化"课程改革理念真正渗透和落实到教学设计和实践

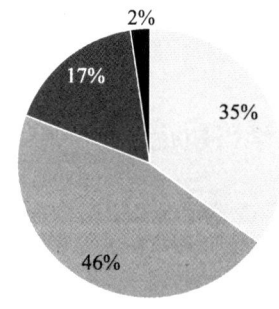

图 7-1 体育教师对"4+2"课程模式的适应程度

中的方方面面。在教学内容方面，体育教师能够基于学生的身心发展特点来设计教学内容，对教材的把握和安排体现了小学体育兴趣化教学的要求，能够满足学生的兴趣需求。如金山区第二实验小学积极开展游戏教学研究，将体育游戏的元素植入体育教学中，创编了各类有趣的体育游戏，做到动静结合、轻松愉悦，大大激发了学生的学练兴趣，避免了枯燥的单一技术动作学习，有效实现了教学内容的游戏化，认真落实了"小学体育兴趣化"课程改革理念。在教学策略方面，体育教师能够充分考虑学生的体质素质和体能水平，选取符合学生活泼好动等生理、心理特点的教学方法和组织形式。如上海市第一师范附属小学崇明区江帆小学的体育教师在整合教材特点和教学重点与难点的基础上，充分挖掘教材或教学内容中所隐含的兴趣化因子，通过"趣味体验、角色扮演"等元素激发学生的学习兴趣，并引导学生"想学、敢学、勤学"。在教学评价方面，体育教师能够以培养学生的运动兴趣、促进学生主动参与体育活动为主旨，关注学生的个体差异和个性发展，重视学生的综合评价，综合运用过程性评价和终结性评价等多元评价方式，促进学生的全面发展，如上海市第一师范附属小学崇明区江帆小学的体育教师在各学段的课堂教学中运用综合性评价策略，采用语言、数据、挑战任务、奖励等多种评价方式，激励和培养学生"乐学、研学、追学"，帮助学生养成良好的运动习惯。

总之，在"小学体育兴趣化"课程改革理念的引领下，体育教师的教学设计能够贴合学生的身心发展特点，将教材进行合理地游戏化处理，通过情景变化的方式激发学生的学练热情并引导学生进行体能和技能练习，充分发挥学生的主观能动性，重视学生的主体地位，在体育教学环节的设计、教学方法手段的使用、教学器材的选用等方面真正落实、渗透并凸显了"小学体育兴趣化"课程改革理念和精神，做到了情景主导，激发兴趣；活动方法，强化效能；游戏竞争，激发热情；合理评价，促进发展，最终帮助学生完成从"我要上体育课"到"喜欢上体育课"的转变。

（二）初中体育教学多样化

"初中体育多样化"指的是根据学生的身心发展规律，在初中阶段开展以多个运动项目、多种运动技能、多种练习方法、多种运动体验为主的多样化体育教学，从而激发和保持学生运动兴趣，促进学生自主锻炼，最终使学生身心得以全面发展的体育教学思想。可见，初中体育教学中设置多样化的练习内容、选取多样化的练习方法手段，使学生经历多个运动项目和多种体验，是"初中体育多样化"课程改革的目标，也是顺利推行"初中体育多样化"课程改革的重要条件。据此，在第三方评估单位上海学校体育评估中心的长期督导和评估下，各初中试点学校都积极开展了丰富的教研活动，组织体育教师学习和领会课程改革精神，促进体育教师更新体育教学理念，并指导体育教师将新教学理念有效地贯彻和落实到体育教学实践中。

在第三方评估单位上海学校体育评估中心对16所初中试点学校体育课的实地观摩和教学设计等材料的评估中，八成以上初中试点学校的体育教师能够在教学中突出学生的主体地位，将"初中体育多样化"的课程改革精神和理念融入到体育课堂和教学设计之中，注重学习内容和教学手段方法的选择，采用灵活多变的组织形式，注重分层教学，让不同层次的学生在原有基础上都有所提高。具体来看，教学内容方面，初中试点学校多在原有教材的基础上，根据学生的技能掌握程度，开发与教学主题相关的多种教学内容，以凸显教学内容的多样性。教学方法方面，初中试点学校的体育教师能够围绕教学内容，结合教学需求和学生个体差异，运用多样化教学方法开展教学。教学组织与形式方面，初中试点学校的体育教师在体育教学中所采用的教学组织形式更加灵活多变。如上海市铁岭中学通过学校体育课程教学改革，在课程标准的基础上，建立并完善以"兴趣"和"需求"为导向的"初中体育多样化"学校体育课程教学模式，即"体育课—多样课程—大课间活动—体育社团—学校体育竞赛—运动队"，形成了学校体育工作和学生自主锻炼相结合的新局面；上海市大同初级中学以"初中体育多样化"课程改革为契机，开展学校体育"一校多品"建设，为学生提供了多样性的体育实践机会，以便学生了解不同的运动项目，形成稳定的运动兴趣，为高中阶段选择运动专项奠定基础。

整体而言，大部分初中试点学校体育教师能够将"初中体育多样化"课程改革理念有效落实和渗透到体育教学之中，可以在遵循教育教学规律和动作技能形成规律的基础上开展"多样化"的体育教学，通过多种类的教学内容、多样化的教学形式和方法、灵活多变的教学组织形式等，让学生体验不同的运动项目，培养学生的体育核心素养，着力发展学生的运动能力和体能，提升学生运动兴趣及终身体育能力，培养高尚的体育精神和意志品质，发挥体育课的综合育人价值作用。

二、教学方法

教学方法是课程和教学的实施方式，是实现教学目标、开展教学活动的途径和手段。教学方法是否科学、有效决定了教学目标的达成情况和教学质量。《指导意见》提出，在中小学体育课程改革实践中，体育教师要树立整体优化教学方法的观点，聚焦兴趣化、多样化的练习内容和练习方法手段，注重多种组合方式、多种练习负荷、身体多个部位的练习，均衡且全面地发展学生的体能与技能，不断创新体育教学方法，有效地完成教学任务。

对此，第三方评估单位上海学校体育评估中心重视对上海市试点学校体育教师教学方法的考察和评估。经第三方的长期督导、现场访谈以及评估专家的体育课实地观摩考察，大部分试点学校的体育教师能够在充分理解并认同"小学体育兴趣化、初中体育多样化"课程改革理念的情况下，改革并更新体育教学方法，依托多元化和趣味化的教学方法和手段，为学生带来良好的体育学习体验与感知，激发和培养了学生的体育学习兴趣，提高了学生参与体育锻炼的积极性和主动性，更好地推进了学校体育课程改革目标和任务的落实，为学生身心健康的全面发展服务。

（一）小学体育教学方法趣味化

《指导意见》强调，在小学体育教学中应注重体育游戏的融入，让集体参与的趣味游戏走进体育教学，每堂课引入3—5个游戏性手段，植入体育游戏的教学元素，在体育游戏过程中全面发展学生的身体活动能力。对此，第三方评估单位上海学校体育评估中心对"小学体育兴趣化"试点学校体育教师使用游戏化教学手段的情况开展了长期调查和督导。其中2019年体育教师主教材使用游戏化手段达到所要求的3—5个的试点学校仅占34.91%，如图7-2所示；78%的学生

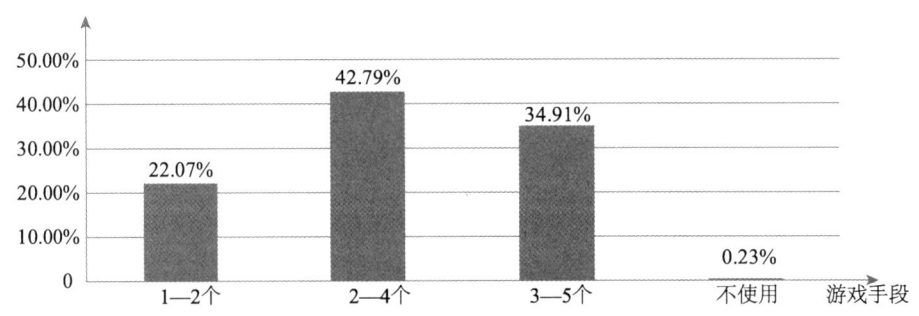

图7-2 教材使用游戏性手段情况统计图

表示体育教师在体育教学中经常使用游戏的方法,如图7-3所示;并且94.66%的学生表示喜欢体育教师在体育教学中安排的游戏项目,如图7-4所示;这表明了在"小学体育兴趣化"课程改革理念的引领和第三方的长期督导下,上海市小学试点学校的体育教师注重在体育教学中引入游戏项目,采用游戏化教学方法,但从整体落实情况来看,试点学校主教材使用游戏化教学手段的现实情况与《指导意见》的要求仍有较大差距。随着第三方评估单位的及时反馈和进一步督导,2020年绝大部分试点学校都实现了体育课采用的游戏化手段

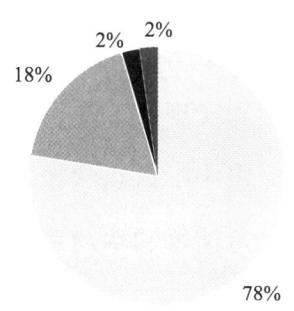

图7-3 体育教师在体育课中使用游戏方法情况

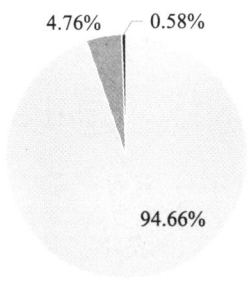

图7-4 学生对体育课中游戏的喜爱程度

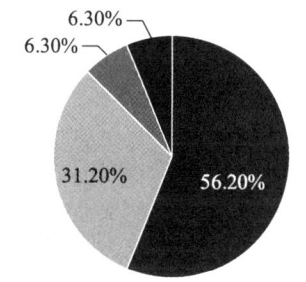

图7-5 小学体育课堂游戏化手段使用情况

达到3—5个这一课程改革目标，如图7-5所示，主教材使用3个及以上游戏化手段的试点学校占比已达到93.70%。试点学校通过趣味化的游戏手段，激发学生的学习兴趣，让学生在体育学习和练习过程中体验体育的乐趣，培养学生终身体育锻炼的意识，促进学生的全面发展。

此外，依据"小学体育兴趣化"课程改革理念和要求，第三方评估单位在评估小学体育教学方法方面，强调小学体育教学要以趣统领，通过情景创设、游戏竞赛、现代教育信息技术等多种方法营造趣味课堂。在第三方评估单位开展的评估和实地观摩过程中，上海市小学试点学校都能够结合小学生的身心发展特点，对体育教学方法进行改革和创新，基本落实和实现了"小学体育兴趣化"的体育课程改革要求。整体来看，上海市小学试点学校主要以情境导入为主线开展体育教学，辅以恰当的练习情景和练习资源，通过巧用教具、合理选用音乐以及融入信息化技术等途径创新教学方法手段，发展学生的身体活动能力和基本运动技能，很好地体现了教学方法的趣味化。如嘉定区同济大学附属小学以"小学体育兴趣化试点校"为契机，依托高校优质课程资源，形成"乐学习、会健身、能合作"的体育课程理念，打造出"多元、趣味、开放、创新"的教学体系，在整合教材特点和教学重难点的基础上，借助"多媒体硬件""多媒体视频""多媒体教具"等信息化手段创设未来课堂，通过营造"趣味体验""角色扮演""生活模拟"等趣味性主题情境，激发学生学习兴趣，让学生在富有情趣的氛围中动起来，引导学生"想学、敢学、勤学"，实现学生"能学、易学、巧学"。青浦区御澜湾小学全面贯彻"立德树人、五育融合"的教育要求，以激发学生的运动兴趣，培养学生的运动习惯，提高身体活动水平，保障身心健康为目标，面向全体学生，实施体育兴趣化课改试点工作，初步形成了"三乐三巧"（乐玩巧学、乐趣巧练、乐思巧动）教学实践的新思路，通过教师把各项运动与游戏相融合，创设有趣巧妙的活动情境，以游戏形式组织引导学生在快乐的氛围中学习和练习，从"玩—趣—思"，到"学—练—动"，让学生在"玩中学、趣中练、动中思"的锻炼过程中养成良好习惯，掌握运动技能，并对学习始终保持高度参与、乐于合作的状态，充满信心与乐趣。

（二）初中体育教学方法多样化

《指导意见》强调在初中体育教学阶段，应根据不同类型课程的教学任务、内容特点和学生特点，辅以恰当的练习情景、练习资源及方法手段，确保每堂体育课上主教材所采用的教法手段要达到5—7个，对班级教学、分组教学、分层教学进行优化组合，促进信息技术与课堂教学的深度融合，力求活泼性、体验性和针对性程度高，大力推进学生自主学习、合作学习、探究式学习的模式，着力提高学生的自主健身学习能力。据此，第三方对初中试点学校体育教学方法改革情况进行评估，整体上初中试点学校能够认真落实"初中体育多样化"课程改革要求，体育教学的教学手段数量在 5 个及以上的试点学校占比高达93.70%，如图 7-6 所示，基本实现了教学方法的多样化。

此外，在第三方评估专家的实地观摩中，体育教师能够在体育教学实践中巧用教学场地和教具辅助教学、合理地选择并运用音乐、信息化教学手段等，通过多样化的教学方法和手段，激发学生的学习兴趣，让学生收获愉悦的运动体验，提高体育教学实效，促进学生体能和技能的均衡全面发展，为学生自主健身能力和行为奠定基础。如上海市田林第三中学体育教研组在多样化教学实践中，积极探索多样化教学手段，在体操鱼跃前滚翻教学中使用了多媒体信息技术，通过

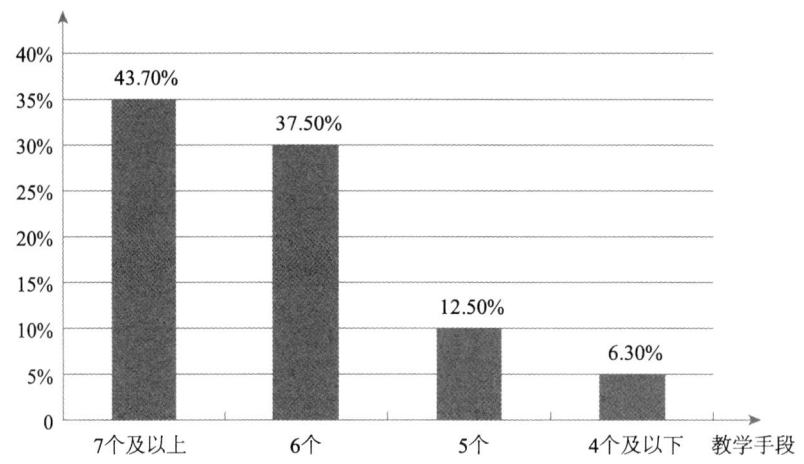

图 7-6 初中体育课堂教法手段统计

播放慢镜头且循环播放,让学生看清每一个动作的细节,再通过同伴间利用 iPad 进行练习动作的拍摄、观看、对照、改进等方式,让学生更多地在学习中自我观察、自我体验、自我发现、自我改进,有效地实现了信息技术与学科教学的深度融合,凸显了体育教学方法的多样性。

第二节 教学效果层面

为确保"小学体育兴趣化、初中体育多样化"课程改革的顺利开展和贯彻落实,《指导意见》提出了"优化教学目标,提高教学实效"的基本任务。此外,发展学生的基本运动能力、保障学生的体质健康是体育与健康课程的主要目标,而适宜的运动负荷是实现这一目标的重要前提。对此,第三方评估单位上海市学校体育评估中心重点从教学目标和运动负荷等方面来评估"小学体育兴趣化、初中体育多样化"课程改革下的体育教学效果。

一、教学目标

教学目标是教师根据教学目的、内容及学生实际情况制定的具体要求和标准，它是教学目的的具体化表现，是课堂教学的方向，是判断教学是否有效的直接依据，所以教学目标在制定时必须明确、具体、全面。全面明确的教学目标有助于体育教学的实施和开展，增强体育教学效果。为增强"小学体育兴趣化、初中体育多样化"课程改革下的体育教学效果，《指导意见》强调，体育教师作为学校体育课程实施的主导者，要优化"小学体育兴趣化、初中体育多样化"体育教学目标设计，将目标具体细化到每节课的教学任务中，使学生明确本节课要完成的任务，以确保教学实际效果。

从第三方评估专家观摩试点学校的现场体育教学来看，体育教师设置的教学目标全面且明确，符合学生的身心发展和学习需求。在教学目标的引领下，体育教师能够合理安排和实施各个教学环节，并引导学生积极主动地投入到体育活动中，同时学生也普遍表现出浓厚的学习兴趣和高涨的学习热情。闵行区上海交通大学附属实验小学在上海市学校体育评估中心观摩的展示课中，以"支撑与悬垂：支撑移动"为授课内容，以情境导入为主线，以生动形象的游戏为主要手段，让学生在实践和游戏的过程中体验支撑的乐趣，培养学生自主学习的能力和团队意识，符合"小学体育兴趣化"课程改革的精神，也凸显了教学设计的兴趣化。本课明确设立了让学生掌握并提高支撑移动技能，初步学会移动中控制重心的方法，树立安全意识；通过多种活动提高耐力、灵敏、协同等综合能力；在游戏活动中培养遵守纪律、互助学习的品质。这三个层面的教学目标，符合学生身心发展的特点，能促进其全面地发展，并且80%以上的同学都掌握了基本运动方法，学生的主动参与度较高。

二、运动负荷

2022年颁布的《义务教育体育与健康课程标准》规定，每节体育课要有适宜的运动负荷，让所有学生充分动起来。适宜的运动负荷是增强学生体能、提高学生运动技能水平、培养体育品德、增进身心健康的基础，而练习密度和运动强度是衡量体育课运动负荷的重要指标。为确保体育课增强学生体质健康的实效、强化学生的运动体验、保证学生享有体育与健身的权利，《指导意见》强调并要求每次体育课的练习密度达到50%左右，每次体育课中运动负荷强度达到中等水平以上的时间占比50%，并且每次体育课都要安排8—10分钟的体能锻炼。

（一）小学体育运动负荷

1. 小学体育运动强度

心率是反映运动强度大小的直观评价指标。2019年第三方评估单位对试点学校督导评估结果，如表7-1所示，在35分钟的体育教学过程中，学生的运动量整体上处于较高水平。部分试点学校体育课基本部分的时间参差不齐，学生心率波动起伏较大，且在诸多项目中超过200次/分，考虑到小学生的年龄、身体发育等情况，在安排教学内容时需要进行必要的运动安全教育。

从体育课的开始部分来看，如图7-7所示，小学生的平均心率范围为92—169次/分，最小心率范围在63—108次/分，最大心率范围在122—192次/分，不同项目的平均心率多集中在100—120次/分。结合课时教学设计及实地观摩记录，学生心率波动幅度较大，其主要是由于体育教师为让学生适应所教授的项目，而在准备活动中安排了

表 7-1　2019 年"小学体育兴趣化"试点学校体育课运动负荷及练习密度一览表

年级	体育项目	教授内容	练习密度	静态活动时间（分）	开始/结束部分（分）	基本部分（分）	心率（次/分）		
							最大心率	最小心率	平均心率
低年级	前滚翻	前滚翻1	38.60%	17	12	13	172	101	127
		前滚翻2	55.70%	11	15	19	187	87	118
	跳跃	跳高	54.90%	10	9	15	193	94	151
		跳远	58.00%	13	7	15	189	108	149
		双脚跳上跳下	42.86%	11	8	15	173	74	125
	足球	足球1	57.10%	11	5	16	197	79	145
		足球2	49.43%	13	7	17	208	97	164
		足球3	53.00%	12	8	18	206	82	132
	走与跑	起跑与加速跑	51.00%	12	8	14	174	73	119
		障碍跑	51.40%	12	7	14	189	71	125
		起跑	38.20%	13	11	13	186	70	135
		跑走交替	52.80%	12	17	18	207	81	127
		各种姿势的走	52.80%	13	17	18	166	64	112
	投掷	沙包掷远	57.10%	8	6	14	207	89	126
		投掷轻物	51.90%	11	17	18	188	75	116
	击剑	击剑	51.40%	11	12	18	187	72	114
	民族民间体育	并脚跳短绳	55.00%	8	13	19	211	94	135
高年级	垒球	垒球	53.40%	15	8	21	192	73	130
	足球	足球1	34.30%	18	9	12	175	73	119
		足球2	54.30%	11	8	19	211	80	131
	跳跃	跳远	52.00%	8	9	19	166	63	110
	走与跑	障碍跑	48.60%	12	8	17	190	97	132

强度较大的活动内容。如上海市嘉定区古猗小学中体育课内容是前滚翻，在热身部分体育教师根据前滚翻的特点，安排了与教学内容相关的热身活动练习"小刺猬做早操"。

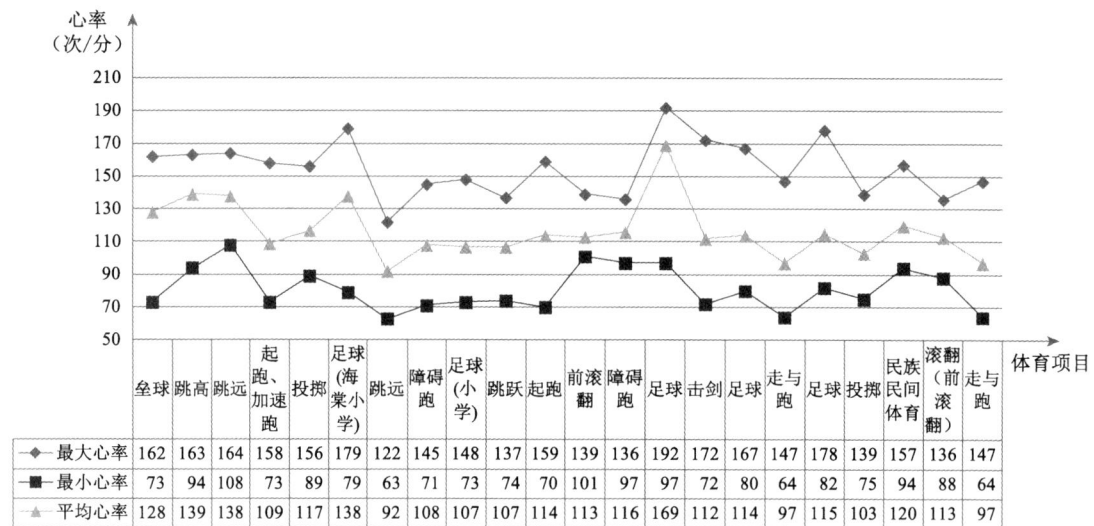

图 7-7 "小学体育兴趣化"试点学校体育课开始部分学生心率统计图

基本部分作为体育课的核心部分,学生的运动强度处于较高的水平,如图 7-8 所示,学生的平均心率范围为 116—163 次/分,最小心率范围在 82—151 次/分,最大心率范围在 166—211 次/分。

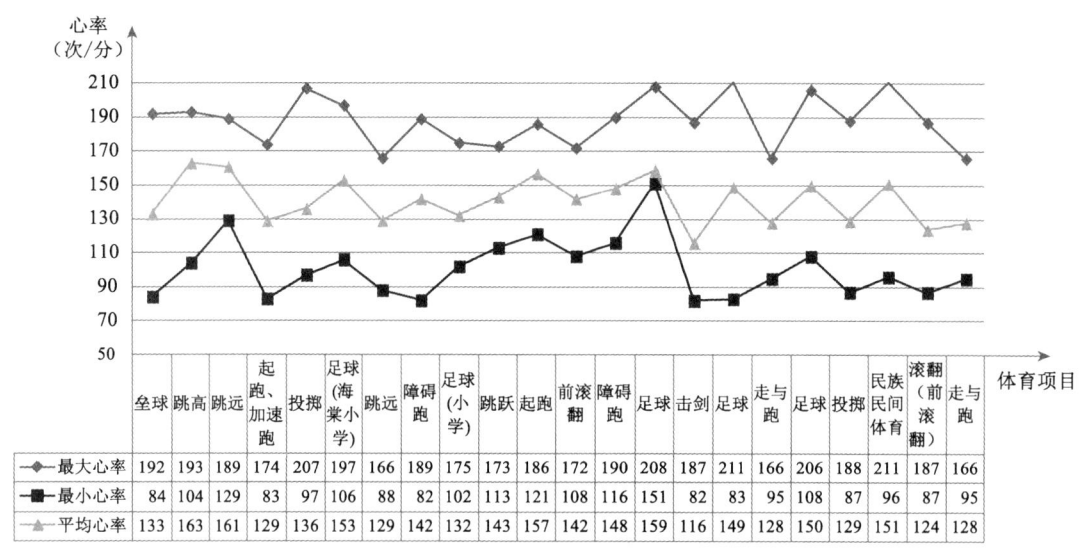

图 7-8 "小学体育兴趣化"试点学校体育课基本部分学生心率统计图

从体育课的结束部分来看，如图 7-9 所示，小学生的平均心率范围为 112—166 次/分，最小心率范围在 71—147 次/分，最大心率范围在 132—189 次/分。民间传统体育、滚翻、走与跑等项目的最大心率、最小心率、平均心率在曲线中所呈现出来的情况相似，虽然体育教师在结束部分的内容安排上有所不同，但对于学生放松整理活动上的效果相同。

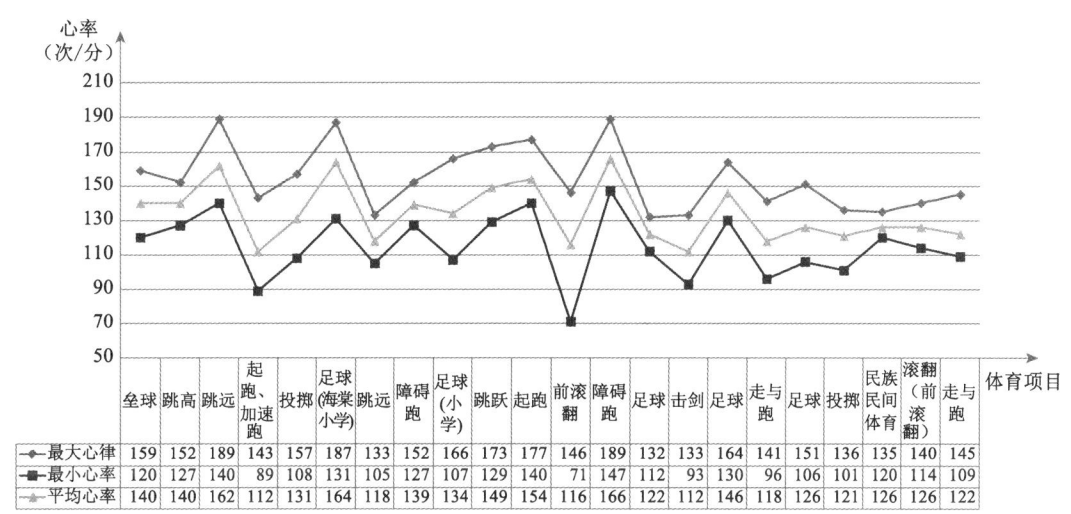

图 7-9 "小学体育兴趣化"试点学校体育课结束部分学生心率统计图

2020 年第三方评估专家对 9 所小学试点学校进行了实地观摩，并对学生的心率进行了实时监测，整体上学生在整节体育课的平均心率范围为 117.5—147.25 次/分，基础部分的平均心率范围为 112.25—151.25 次/分，体能部分的平均心率范围为 113—158 次/分，约 50% 的小学试点学校体育观摩课的运动强度都处于较高水平，如图 7-10 所示。在新时代小学的体操（前滚翻分腿起）展示课中，男生在整节体育课中的平均心率为 129 次/分，基本课程部分的平均心率达到 128 次/分，体能练习部分的平均心率达到了 150 次/分；女生在整节体育课中的平均心率达到 133 次/分，基本部分的平均心率达到 140 次/

分，体能练习部分的平均心率达到 145 次/分。在嘉定区清水路小学的羽毛球击打高远球观摩课中，第三方评估专家分别对 3 名男生和 2 名女生的心率进行全程监控，其中男生在整节体育课的平均心率达到了 140 次/分，基本部分的平均心率达到了 149 次/分，体能部分的平均心率达到了 123 次/分；女生在整节体育课的平均心率达到了 134 次/分，基本部分的平均心率达到了 137 次/分，体能部分的平均心率达到了 119 次/分。

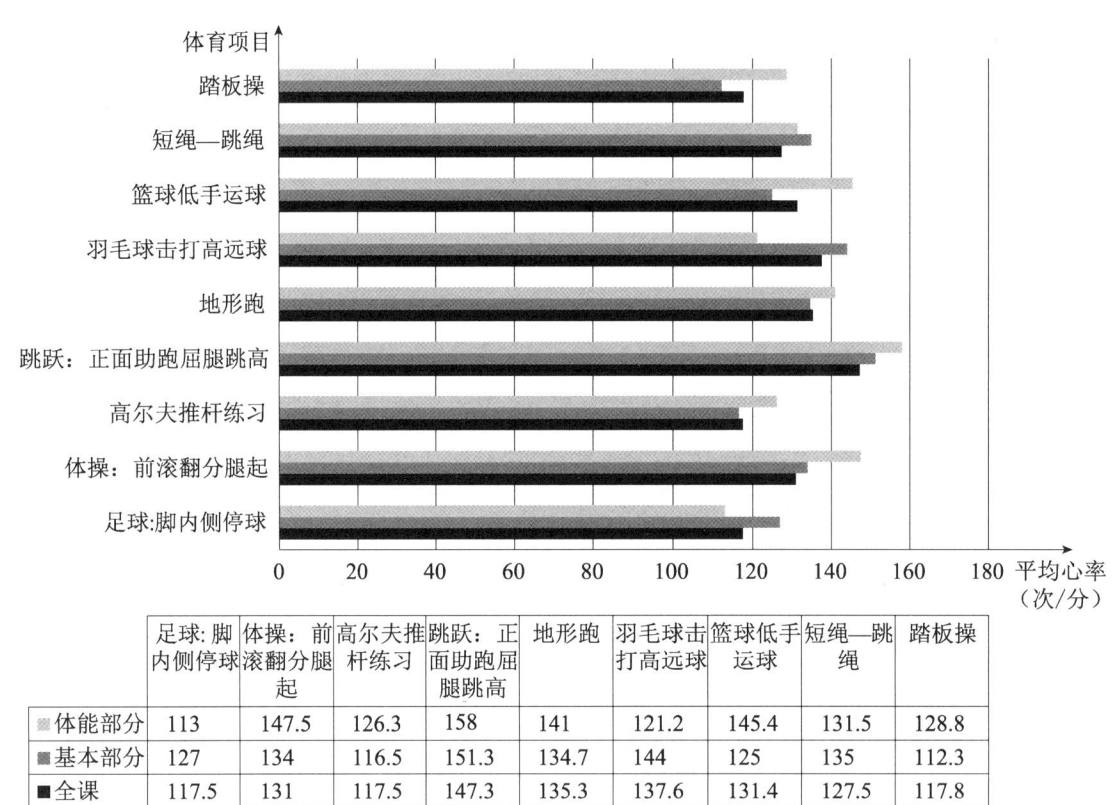

图 7-10　小学试点学校展示课学生平均心率图

2021 年，第三方评估专家在小学试点学校现场体育教学观摩的过程中，随机抽取五名学生进行全程心率监测，如图 7-11 所示。在体育课的基本课程部分，男生的平均心率达到 135 次/分，女生的平均心率达到了138次/分；在体能练习部分，男、女生的平均心率分别达到了155次/分和154次/分。整体而言，学生在体育课的练习强度都处于较高水平，学生体能和技能都得到良好的锻炼。

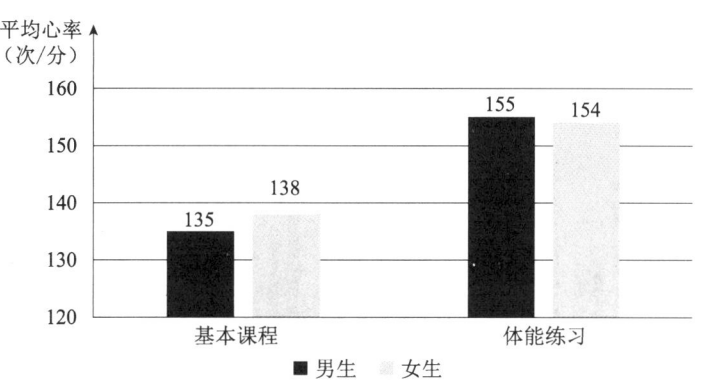

图7-11　学生体育课基本内容平均心率

2. 小学体育练习密度

通过第三方评估专家的实地观摩和考察，2019年"小学体育兴趣化"试点学校体育课练习密度基本达到50%左右，但依然存在部分体育课练习密度在40%左右，如表7-1所示。不同项目会呈现出不同的情况，相同的项目因设计的教学内容不同也会呈现出较大差别。如在低年级足球教学中，因教授的主题为熟悉球性，故练习密度较低。2020年，大部分学校均达到了"基本部分密度达到35%左右"的指标，但仅一所学校达到了"全课练习密度达到50%以上"的评估指标，如图7-12所示。

从2021年小学试点学校体育展示课的练习密度来看，如图7-13所示，体育课准备活动部分的练习密度均值达到67%，基础部分的练习密度均值为47%，体能部分练习密度均值达到57%，全课密度均值达到44%。从课堂评价标准来看，基本部分练习密度远超过评价指标制定的35%。全课密度由于受到部分学校新手技术课的影响，密度均值离评价指标制定的全课密度达 50% 有一点差距，但可喜的是，有 43.70% 的学校体育课全课密度达到了 50%，其中有 3 所学校更是高达 61.00%。整体而言，目前体育课的练习密度较以往有所提升。

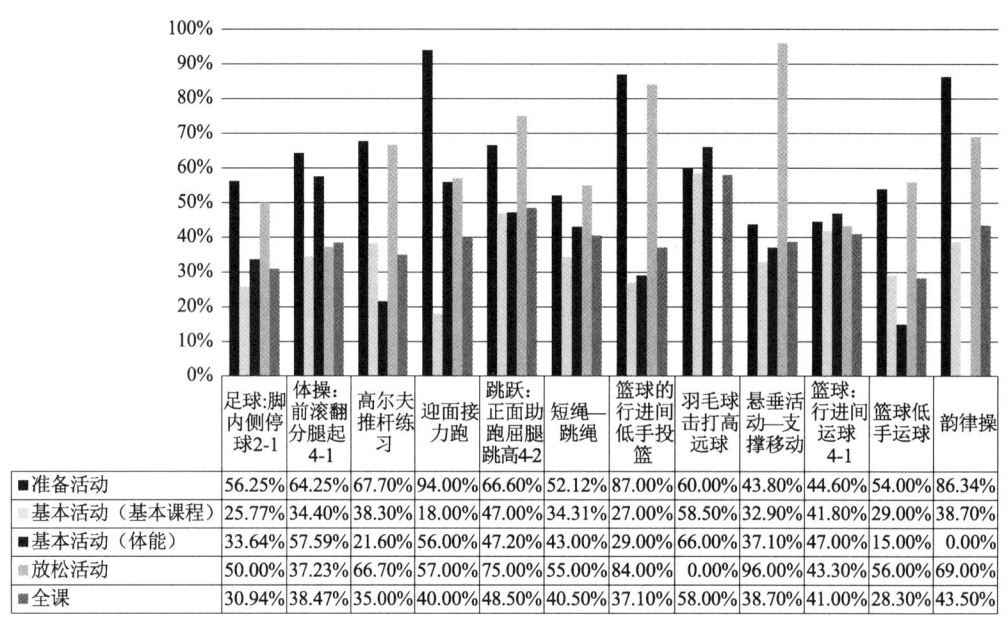

图 7-12　小学试点学校体育课练习密度示意图

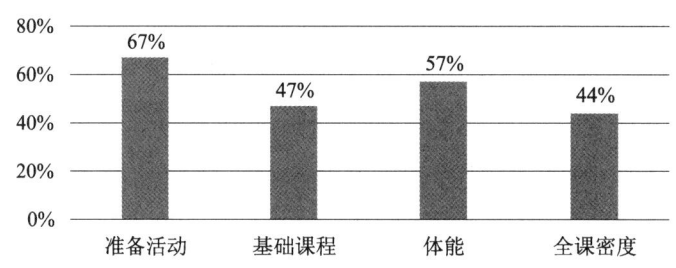

图 7-13　小学试点学校体育课练习密度情况

（二）初中阶段运动负荷

1. 初中体育运动强度

从 2019 年第三方评估单位的督导评估结果来看，8 所初中试点校体育课中学生在不同项目中所呈现的心率波动起伏相对稳定，未出现心率超过200次/分的现象，如表7-2所示。

表7-2 "初中体育多样化"试点学校体育课运动负荷及练习密度一览表

学段	体育项目	教授内容	练习密度	静态活动时间（分）	开始/结束部分（分）	基本部分（分）	心率（次/分）		
							最大心率	最小心率	平均心率
初中	武术	武术	55.00%	13	8	26	192	109	125
	足球	足球1	52.50%	12	7	30	197	79	145
		足球2	52.50%	12	10	21	187	77	138
	前滚翻	前滚翻	54.20%	16	7	19	157	83	121
	飞盘	飞盘	52.50%	11	10	21	183	79	125
	篮球	篮球1	62.50%	14	12	25	178	82	134
		篮球2	60.00%	9	16	24	192	70	132
	排球	排球	56.00%	10	18	22	176	82	119

体育课开始部分，初中生的平均心率范围为107—154次/分，最小心率范围在70—135次/分，最大心率范围在150—185次/分，如图7-14所示。不同项目的平均心率多集中在107—125次/分，说明热身活动之后，学生的心率波动范围较小，而针对足球中学生出现185次/分的情况，结合课堂观察记录及课后访谈得知，足球课上课前学生进行了足球比赛。

体育课的基本部分，初中生的平均心率范围为122—154次/分，最小心率范围在83—118次/分，最大心率范围在157—195次/分，如图7-15所示。结合课时教学设计及课堂观察记录可见，试点学校体育课基本部分中学生的心率曲线变化趋于稳定，学生的身体能够逐渐适应教学过程中的运动负荷强度。在评估过程中发现部分学校配备了学生心率监测设备，当运动过程中学生心率过高时会发出警报声，由此保障了学生的运动安全。

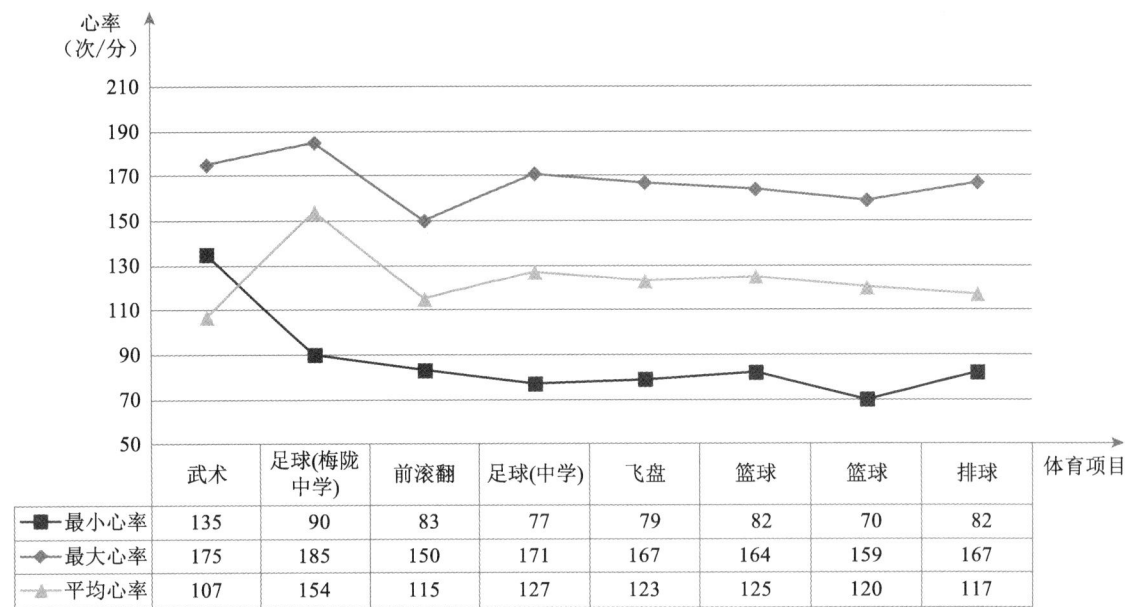

图 7-14 "初中体育多样化"试点学校体育课开始部分学生心率统计图

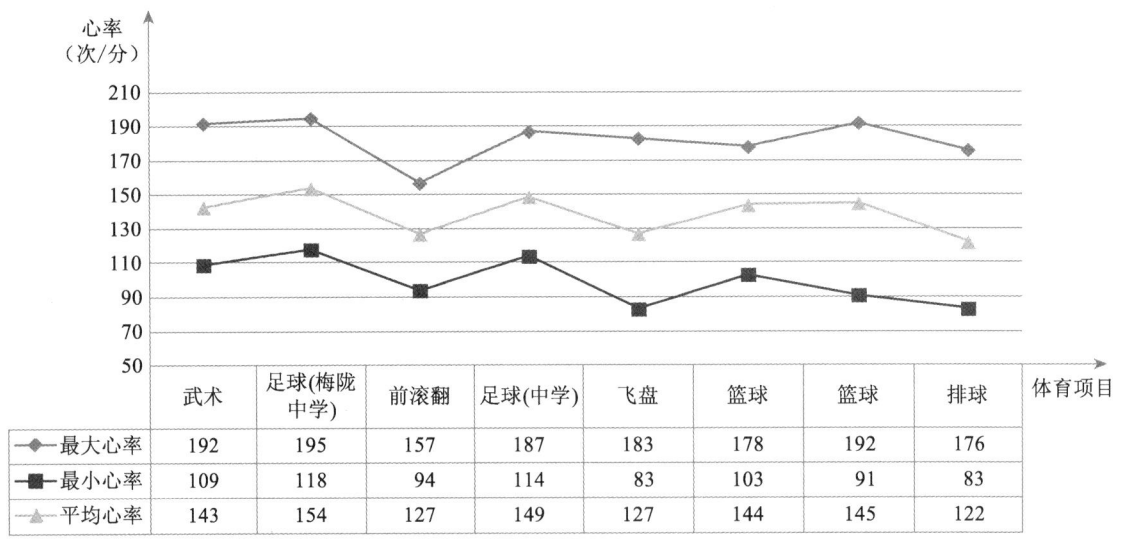

图 7-15 "初中体育多样化"试点学校体育课基本部分学生心率统计图

体育课结束部分，初中生的平均心率范围为 122—151 次/分，最小心率范围在 112—130 次/分，最大心率范围在 135—188 次/分，如图 7-16 所示。结合课时教学设计及课堂观察记录发现，多数体育课结束部分的时间，即放松整理与总结的时间为 3 分钟左右，最少的一节体育课放松整理与总结的时间为 1 分钟，这间接反映了图中体育课结束部分的心率变化基本与体育课基本部分的心率变化相同。一节优秀的体育课应体现在各个环节，生动有趣的练习可在无形中激发学生练习的兴趣，尤其是在中高强度的体育练习后，生动有趣的放松整理可有效缓解身体与精神疲劳，激发学生对下节课的期待，这需要引起体育教师的重视。

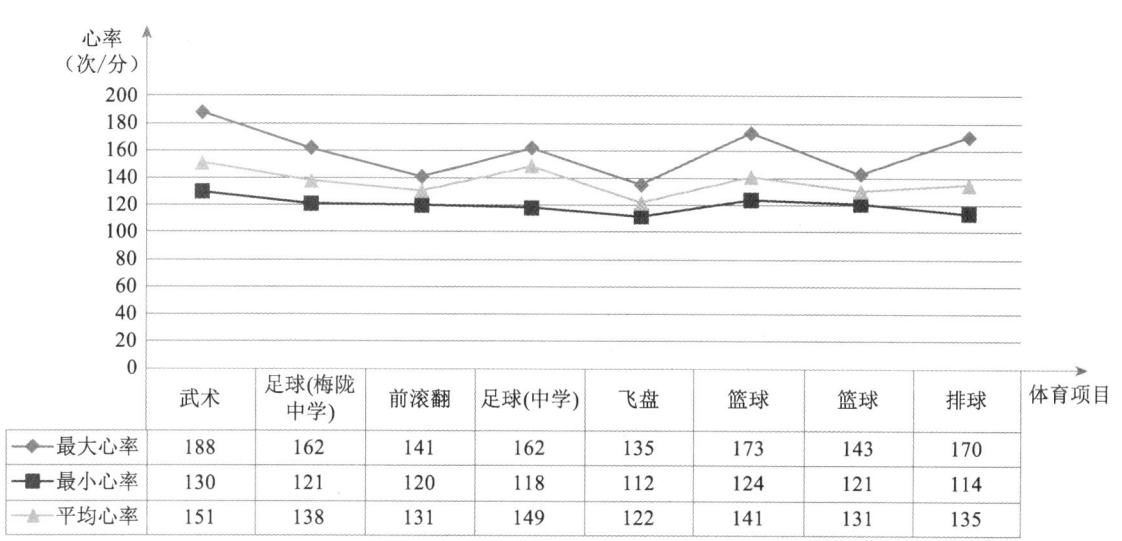

图 7-16 "初中体育多样化"试点学校体育课结束部分学生心率统计图

2020 年第三方评估单位上海学校体育评估中心在 10 所初中试点学校展示课的观摩过程中，同样对学生在体育学习过程中的心率进行了检测，所有检测学生的全课平均心率范围为 122—159.4 次/分，基础部分的平均心率范围为 109—164.8 次/分，体能部分的平均心率范围为 127—182 次/分。整体来看，50% 左右的学校观摩课的运动强度都已达到较高水平，如图 7-17 所示。上南中学东校的篮球（胯下运球 2-1）展示课中，对两名男生的心率进行了全程监控，男生的全课平均心率为153次/分，基本课程部分的平均心率达到154次/分，体能练习部分的平均心率达到了177次/分。崇明区登瀛中学的武术少年连环拳展示课中，分别对2名男生和2名女生的心率进行全程监控，其中男生的全课平均心率达到了139次/分，基本部分的平均心率达到127次/分，体能练习部分达到了141次/分；女生的全课平均心率达到了149次/分，基本部分的平均心率达到了134次/分，体能部分的平均心率达到了167次/分。在东方中学的下压式接力跑观摩课中，分别对3名男生和2名女生的心率进行全程监控，其中男生的全课平均心率达到了156次/分，基本部分的平均心率达到了157次/分，体能部分的平均心率达到了153次/分；女生的全课平均心率达到了165次/分，基本部分的平均心率达到了177次/分，体能部分的平均心率达到了154次/分。

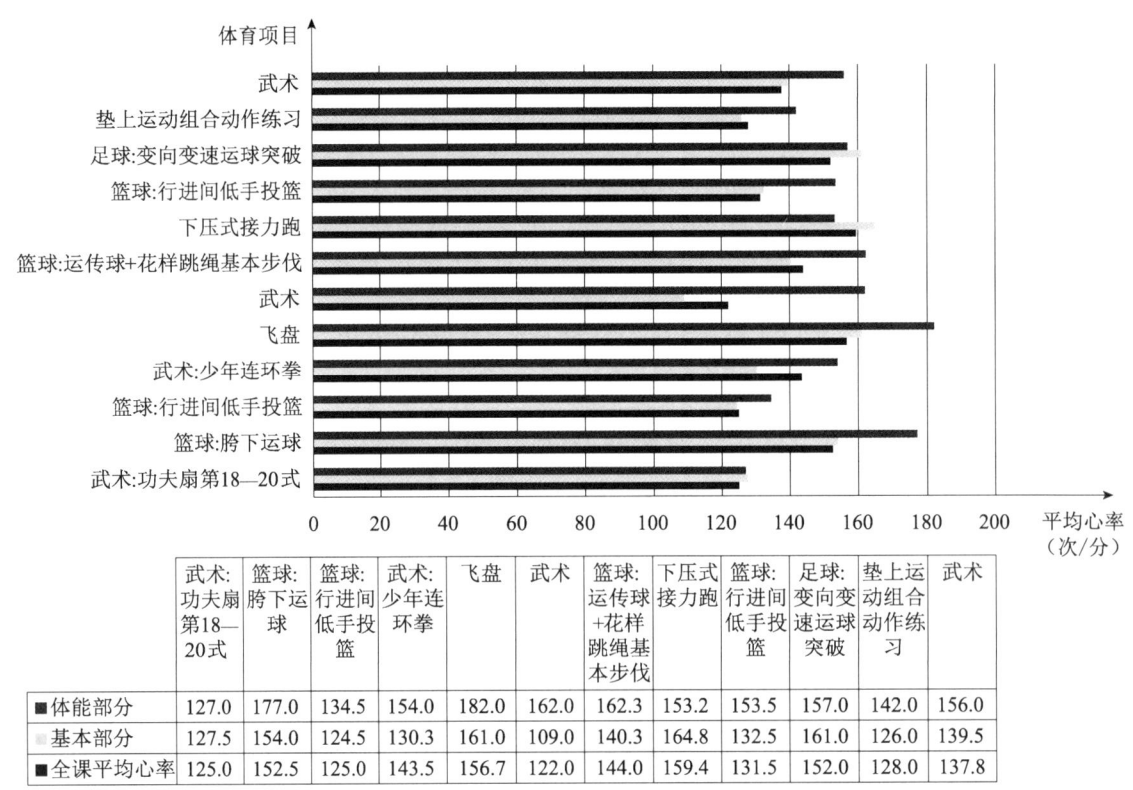

	武术:功夫扇第18—20式	篮球:胯下运球	篮球:行进间低手投篮	武术:少年连环拳	飞盘	武术	篮球:运传球+花样跳绳基本步伐	下压式接力跑	篮球:行进间低手投篮	足球:变向变速运球突破	垫上运动组合动作练习	武术
■体能部分	127.0	177.0	134.5	154.0	182.0	162.0	162.3	153.2	153.5	157.0	142.0	156.0
▨基本部分	127.5	154.0	124.5	130.3	161.0	109.0	140.3	164.8	132.5	161.0	126.0	139.5
■全课平均心率	125.0	152.5	125.0	143.5	156.7	122.0	144.0	159.4	131.5	152.0	128.0	137.8

图7-17 初中部分试点学校展示课学生平均心率图

2. 初中体育练习密度

在练习密度方面，2019年第三方督导评估的8所初中试点学校均达到了"每次体育课练习密度达到50%左右"的要求，如表7-2所示。通过不同教学内容的比较发现，体育课的练习密度整体处于相对较高的水平，相同教学内容之间的练习密度差距不大。从2020年初中试点学校实地观摩体育课的练习密度来看，除一节体操课基本部分的练习密度不足30%外，大部分学校均达到了"基本部分密度达到35%左右"的要求，并且6所学校都达到了"全课密度50%以上"的评估要求，如图7-18所示。如武术课功夫扇的展示课中，学生基本活动的练习密度高达79.68%，全课的练习密度达到了69.20%；下压式接力跑展示课中，学生基本活动部分的练习密度达到了57.50%，全课的练习密度达到了60.30%。

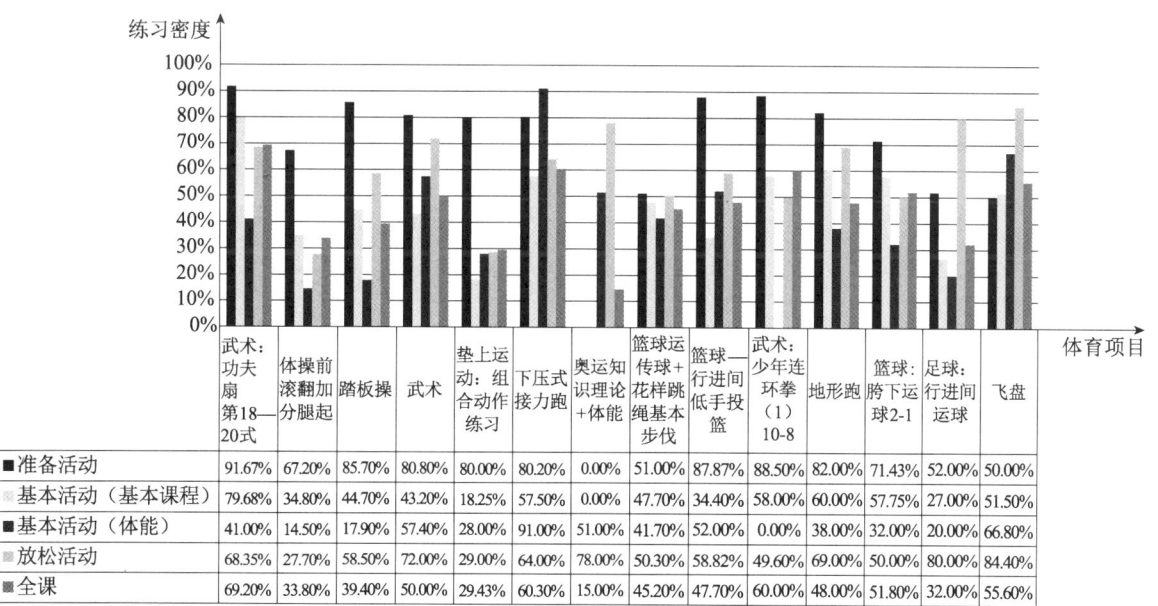

图7-18 初中部分试点学校体育课练习密度示意图

第三节 特色与创新层面

我国学校体育课程普遍使用统一的教学内容和教学模式，缺乏相应的教学特色和创新点。因此，不少学校借助"小学体育兴趣化、初中体育多样化"课程改革推进落实为契机，基于"小学体育兴趣化、初中体育多样化"的课程改革理念，通过开发校本课程、创新教学模式、开发教学器材、运用信息技术等途径和手段，积极开拓教学思路，转变课堂教学策略，设计符合自身学校特点的特色教学内容，凸显兴趣化和多样化特色，更好地发挥体育的健体育人功能。

一、教学模式创新

通过第三方评估单位上海学校体育评估中心的长期督导和反馈，上海市各试点学校在落实课程改革要求的体育课时安排的基础上，围绕"小学体育兴趣化、初中体育多样化"的课程改革宗旨，领会并深挖"兴趣化、多样化"的内涵，基于学生的身心发展需求和学校特色，通过创设有趣的教学情境等途径对体育教学模式进行了创新，切实推进了学校体育课程改革进程，提高了体育课堂教学的实效，促进了学生的全面发展。青浦区御澜湾学校按照课程改革要求，梳理单元教学问题，聚焦教学的关键问题和关键环节，通过将教学内容与游戏相融合，创设游戏情境或活动场景，开展了"乐玩巧练"的实践研究，让学生在"玩中学、趣中练、动中思"的锻炼过程中养成良好习惯，掌握运动技能，并对学习始终保持高度参与、乐于合作的状态，充满信心与乐趣。"乐玩巧练"主要包括以下内容。

（1）乐玩巧学，在玩中学。根据学生的喜好，构建了"创新教具促乐玩、游戏竞赛促乐玩、结伴合作促乐玩"的教学思路并开展教学。教师通过巧设各类情境的铺垫，让学生更易理解需要学习的知识技能、方法规则以及社会交往法则。

（2）乐趣巧练，在趣中练。为发展学生灵敏、柔韧、协调等能力，每节体育课运动密度达50%以上，并有50%的时间达到中等以上运动负荷强度，每次课安排8—10分钟体能锻炼等满足课程改革要求，试点学校体育教师通过设计多变的教学环境（色彩、音乐、队形、场景等）、选用多样的教学方法（讲解示范、问答讨论、纠错帮助、视听引导、探究发现等）、给予挑战性的任务驱动（由易至难、由浅至深、鼓励挑战、唤醒激励等）等途径有效激发学生的乐趣，同时教师再根据教学需求巧设各种活动环节，帮助学生熟练技能、锻炼体能、锤炼品质。

（3）乐思巧动，在动中思。根据"以身体练习与思维活动紧密相结合"的上海市体育与健身课程标准定位，围绕"巧妙提问促乐思、多元评价促乐思、少教多学促乐思"等途径引导学生在教师巧设的各种运动情境中体验运动乐趣，同时引导和激励学生展开自主探索、合作探索，以生教生、以生帮生的方式促进学生思维发展，在动思结合的体验中，不断提高思维能力与身体素质。

二、教学器材开发

《指导意见》提出"倡导以体育教研组为主体的自制器材创新与研发工作，大力开发与利用体育课程资源，以适应'小学体育兴趣化、初中体育多样化'课程改革的需要"。对此，不少试点学校都在结合体育动作学习规律及动作结构的基础上，自主研发体育教学器材来推进体育教学活动，大大调动了学生参与课堂学练的积极性，有效提升了学生的体育学习兴趣。如华新小学的体育教师结合体育动作学习规律及动作结构，将普通的标志盘比作"宝贝"，通过"银海翻贝""银海拾贝"这样趣味化的设计实现了器材的创新。闵行区上海交通大学附属实验小学在针对三年级学生开展的"支撑与悬垂：支撑移动"教学中，体育教师借助彩色的轮胎，通过不断变化轮胎的状态和组合，有效降低了学生的恐惧感，激发了学生的体育学习兴趣，是器材创新的体现。此外，还有试点学校在开发教学器材的基础上，形成了可视化的成果集或是专利，然后向区域推广，以优势带弱势，有效促进了"小学体育兴趣化、初中体育多样化"课程改革的落实与进展。如长宁区古北路小学自研的"魔术贴腰带"，不仅在体育课堂活动中取得了良好的教学效果，而且还汇编了《魔术贴腰带教学辅助、游戏序列》，为组内教师和家长提供了多种游戏方法。同时，学校于2019年11月获得了"一种适用于少年儿童游戏教学的魔术贴腰带"国家实用新型专利权，并于2020学年成功申报区级课题"利用自制器材'魔术贴腰带'提高小学中低年级学生在体育活动中锻炼有效性的实践研究"，该课题从学生日常感兴趣的玩具出发设计并自制的体育器材"魔术贴腰带"，并基于此设计的体育活动，能有效实现"每天锻炼一小时"的教学目标并推进"小学体育兴趣化"课程改革。

三、校本课程开发

我国基础教育三级课程管理体系的建立与推行，使得体育课程的校本化实施成为一种必须。校本化实施是体育课程在学校层面的具象化过程，是课程理想与课程现实对接的必由路径。为了更加精准理解并落实"小学体育兴趣化、初中体育多样化"课程改革理念和精神，促进学生身心健康发展，上海市各试点学校根据学校特色和体育教学经验，发挥体育老师聪明才智和团队力量，打造出各具特色的校本课程。普陀区真如文英中心小学作为上海市校园体育"一校多品"试点学校，学校积极打造六个一（一根绳、一盘棋、一大球、一小球、一把枪、一套操）校本化体育活动，并以篮球特色课程为突破口和载体，开发适合学生的"篮球校本课"，努力做到低中年级人人会玩球、高年级人人会比赛，将校园篮球真正做到普及全校，同时还架构了围棋特色校的课程，通过班班赛、年级赛等方式，激发学生的兴趣和潜力。松江区东华大学附属实验小学从2017年起构建学校"一校多品"课程，依托"小学体育兴趣化、初中体育多样化"的课程改革，依托东华大学优势资源，大小东华共同研发了多项运动的校本课程（轮滑、足球、网球、篮球、旱地曲棍球），其中足球、攀岩、旱地冰球等特色课程深受学生喜爱，丰富了学生的学习经历，增强了学生的身体素质，大大提升了体育教学质量。长宁区古北路小学于2020年11月被教育部评为全国青少年校园排球传统特色学校，打造了以排球为主具有区域影响力的体育品牌特色，开发了以排球为特色的体育校本课程，开展了以排球为特色的体育活动，使之达到健康育人、精神育人、文化育人的教育目的，让排球精神成为学校体育教学的支点，让排球运动成为学校的一种文化。

此外，还有部分试点学校将学校特色融入"小学体育兴趣化、初中体育多样化"的课程改革之中，结合学生身心发展需求和学校体育发展，出版了相应的校本教材。静安区中山北路小学开发了室内校本课程，形成了奥运常识、体育文化、健身知识和身体练习四大模块，出版了系列教材《体育大世界》。青浦区御澜湾学校自主开发了校本特色课程《少儿乒乓》，促进学生乒乓运动专项特长的发展，充分调动学生的体育学习兴趣和积极性。作为"全国快乐体操特色学校"的上海交大附属实验学校依据"小学体育兴趣化"教学改革的需求,加大对体育特色项目的经费扶持,开发和创编了"快乐体操"体育校本课程,并出版了《快乐体操》教材,旨在面向全体同学,融合体育与健身课程与体操项目的育人价值,遵从学生兴趣,满足学生先天攀爬、滚翻、跳跃的需求,通过趣味化的手段,实现了学生身体形态与运动能力以及体操技能的发展。

四、信息技术运用

在"小学体育兴趣化、初中体育多样化"课程改革中,信息化技术的运用也是一大亮点。随着信息技术的快速发展,上海市各试点学校在领会和贯彻"小学体育兴趣化、初中体育多样化"课程改革理念和精神的同时,将信息化技术运用到学校体育课堂和课外活动之中,借助信息化技术,优化教学方法、创设有趣的教学情境等,很好地激发了学生体育学习兴趣、夯实了学生学习基础、拓展了体育教学空间、推动了课内外体育活动,最终极大推进了"小学体育兴趣化、初中体育多样化"课程改革的落实和发展。

1. 信息化技术激发学生体育学习兴趣

上海市部分试点学校抓住中小学生对于体育和多媒体教学的好奇心,借助信息化技术将体育教学内容直观展现在学生面前,通过动静结合的方式,将信息完整快速地传达给学生,这种方法既节约时间,又可以全面刺激学生的感官,让学生的学习由被动变为主动,引导学生在娱乐和游戏中学习相关体育知识,有效激发了学生的体育学习兴趣。如嘉定区同济大学附属实验小学的体育教师巧妙利用多媒体,从音控设备到大屏幕,为学生设计了一节完美的情景化教学环境,使学生在深度参与中感受到体育的快乐所在、魅力所在，如图7-19所示。

图 7-19 嘉定区同济大学附属实验小学

2. 信息化技术夯实学生学习基础

部分试点学校在体育教学课堂中能够充分利用分解动画、思维导图等多媒体工具和现代信息化方法，将动作示范、规则讲解、游戏过程等内容通过多媒体设备进行生动演示，如图7-20所示。大大节省

图 7-20 多媒体展示游戏过程

讲解演示的时间，有效加深了学生对动作要领、运动技巧和安全知识等基础内容的理解、学习和掌握。闵行区上海师范大学康城实验小学的公开课以人教版教材的前滚翻运动项目为例，教师利用多媒体，借助其分解动画功能讲授全身动作要领，如图 7-21 所示。让学生更好地对如何在这一过程中控制身体进行动作练习展开学习，为其后续参与实际练习奠定基础。

图 7-21　闵行区康城实验小学运用多媒体设备演示示范动作

3. 信息技术助力体育空间拓展

第三方评估单位上海学校体育评估中心对试点学校的现场调查中发现，各试点学校不同程度地以信息技术和信息化手段来装配体育场馆，打造了更加智能化的体育场馆（地），有效解决了"校园占地面积少、体育场地不足"的问题，大大拓展了体育学习空间。其中抽查的两所学校，黄浦区七色花小学和黄浦区市八初级中学在原有的体育场地面积之外，积极运用信息技术，在有限空间内打造可变运动情境，形成了可折叠的体育活动空间，提出了体育场地空间拓展的新形式。黄浦区市八初级中学还运用多媒体信息技术，建设了全息互动教室，通过动画引导、多点触碰等形式，在有限的空间里为学生提供发展体能的空间与设施，如图 7-22 所示。在特定的体育活动教室空间内，学生可以与激光屏幕互动并进行速度、灵敏等多项练习和体能锻炼，这种借助信息技术的全息互动教室不仅拓宽了体育场地空间，也可以解决学校遇到阴雨，雾霾天气，开展多样化教学有困难的问题。

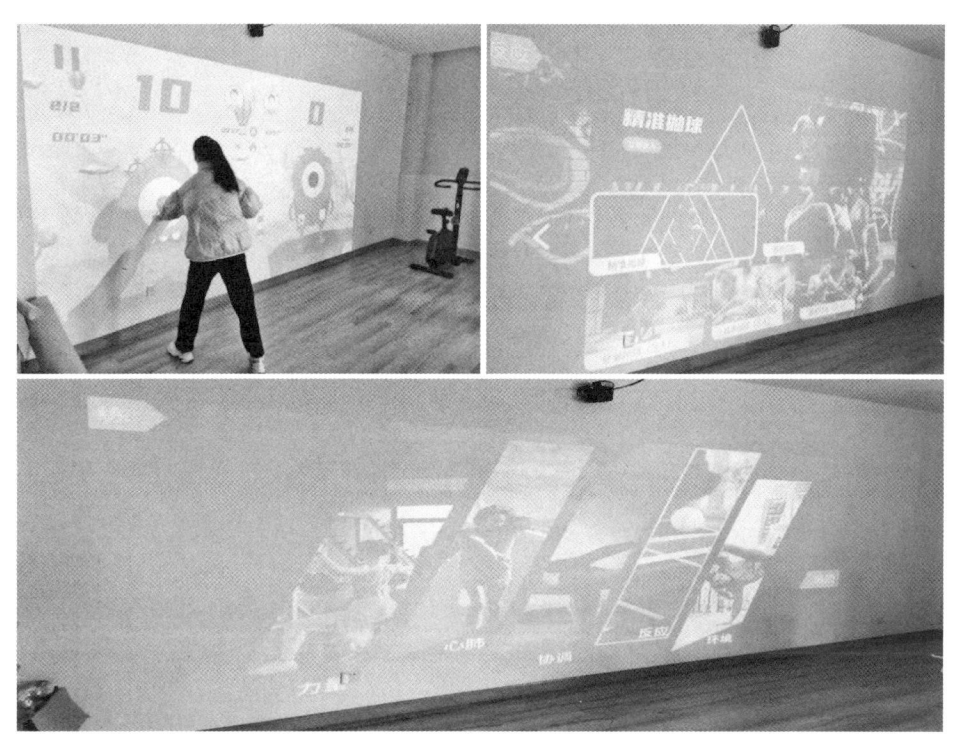

图 7-22　黄浦区市八初级中学全息教室

黄浦区七色花小学积极引入信息化技术，打造了多个信息化体育活动空间，如图 7-23、图 7-24 所示。体育教师可根据课程的内容，通过空中向下投射多种场景的"魔毯"，为学生提供多样的运动情景，实现了学生活动设施的扩容，为体育兴趣化实施提供了保障。此外，在建立的迷你高尔夫创新实验室中，打造了真实的高尔夫比赛情境，通过全息技术能够让学生通过与屏幕的互动来学习和精练高尔夫运动技术。学生不用走出校门，在有限的教室空间内，就可以完成高尔夫-18洞的比赛，为学生提供了深度运动体验，体现出上海"智慧教学"的先进性。需要指出的是，当前此类全息互动教室刚刚建设成形，对于如何使全校学生能够常态化、自主性地利用全息互动教室开展运动技能学习和体育锻炼、发展体质健康水平，仍是校方未来要重点解决的问题。

图7-23　黄浦七色花小学的可变"魔毯"

图7-24　黄浦七色花小学信息化Mini高尔夫场地

4. 信息化推动课内外体育活动

为进一步促进"小学体育兴趣化、初中体育多样化"课程改革并服务于学生体质健康，带动学校体育工作的开展，部分试点学校还将信息化技术、信息设备、信息平台运用于课内外体育活动的开展与管理上，如表7-3所示。学校体育教师借助信息化软件拍摄制作居家体育锻炼微视频，通过学校公众号或体育信息平台发布，对学生的居家体育锻炼进行有效的线上指导等，这种信息化技术的运用有效促进了课内外体育活动中的师生交流、家校联动、亲子交流，提高了体育活动的效率，增强了效果。

表 7-3 信息技术在课内外体育活动中的运用

学校	信息化方法手段	任务
崇明区正大中学教育集团登瀛	健身管理 APP	学生完成视频自学、居家锻炼、作业视频上传、打卡、视频展示，促进学生居家锻炼共同提高
金山区朱泾小学	利用互联网，学校创设网络推送机制，专人负责信息推送	体育教师布置作业——家庭打卡——班主任运动审核——网络统计得分——雷锋银行结算（兑现雷锋币）——学期表彰小雷锋
金山初级中学	电子大屏播放视频	改变大课间体育活动的形式，全校学生通过观看电子大屏播放的视频更直观地进行模仿学习
天山初级中学	体育运动系统穿戴设备	科学检测，增强教学的有效性
松江外国语学校	利用微信公众号平台构建家校互动的模式，体育组的公众号具体用于信息推送、赛事的宣传、数据的采集、微课推送、运动打卡等	体育家庭锻炼内容通过微信公众平台由学校实时传达给家庭，家长通过手机微信获取有价值的信息，从而使学生有针对性地进行锻炼，并把锻炼信息反馈到微信公众平台，教师和管理者与学生进行互动、指导和评价
杨浦区开鲁第二小学	基于互联网的校园足球信息平台	动态报道足球活动、交流工作经验、展示特色成果

第八章

第三方评估标准下的上海市学生体育学习成效

依据《上海市小学体育兴趣化、初中体育多样化课程改革指导意见（试行）》，"小学体育兴趣化"课程改革旨在通过小学阶段培养学生基本体育素养、激发儿童广泛的体育与健身兴趣、引导学生热爱体育、乐于参加体育活动，以提高学生身体活动能力和基本运动技能、养成日常良好的日常体育锻炼习惯、促进学生的体质健康；"初中体育多样化"改革旨在培养中学阶段学生的体育素养，在形成体育兴趣，经历多个运动项目和多种体验基础上，发现符合学生个体需要的运动项目进行学习，掌握基本的运动技能，促进体能发展和自主锻炼，养成健康的生活方式。

对此，第三方评估单位上海学校体育评估中心密切关注以学生为中心的学习效果，重视对学生自主学习能力、感知体验能力、主动参与能力和自主锻炼能力等方面的评估，这与最新发布的《义务教育体育与健康课程标准》中所强调的"聚焦学生核心素养（运动能力、健康行为和体育品德），培养学生适应未来发展的正确价值观、必备品格和关键能力"的指导思想不谋而合。

第一节 学生运动能力层面

运动能力作为核心素养之一，指的是体能、技能和心理能力等因素在身体活动过程中所表现出来的综合能力，是人类身体活动的基础。2022年最新发布的《义务教育体育与健康课程标准》也提出要围绕核心素养，确立课程目标，其总目标之一是通过体育与健康课程的学习，让学生掌握并运用体能和运动技能，提高学生的运动能力。经上海学校体育评估中心的问卷调查和实地观摩，上海市各试点学校学生在基本运动能力和体质健康水平两个方面得到了很好的提升。

一、基本运动能力

"小学体育兴趣化、初中体育多样化"课程改革的最终目的是为学生身心健康发展和终身参与体育活动奠定基础，而提升学生的基本运动能力是实现这一终极目标的重要基础。第三方评估专家通过实地观摩试点学校的体育课指出，80%以上的学生都能够很好地掌握课堂教授的基本运动技能，主动参与度较高，运动技能的掌握情况和基本运动能力均得到明显提升。

基本运动能力的提升与体育教师基于课程改革的教学理念，学生良好的自主学习能力、感知体验能力、主动参与能力和自主锻炼能力息息相关。根据第三方评估单位上海学校体育评估中心针对试点学校教师教学和学生学习开展的问卷调查，77.70%的体育教师表示会使用主教材中2个以上的游戏手段来激发学生的学习兴趣，其中34.91%

的体育教师使用的游戏手段甚至达到4个以上，同时94.66%的学生表示喜欢体育课中的游戏项目。在此过程中，学生的体育学习兴趣和态度发生了积极转变，79%的学生表示他们的体育学习兴趣明显提高，93%的学生表示喜欢每天上一节体育课，如图8-1所示。此外，90.99%的体育教师在每节体育课中会安排5分钟以上的体能锻炼，其中体能锻炼时长为8—10分钟的占比为56.53%，这为学生基本运动能力的提升和主动锻炼行为的养成奠定了基础。由此，在"小学体育兴趣化、初中体育多样化"课程改革理念的引领下，体育

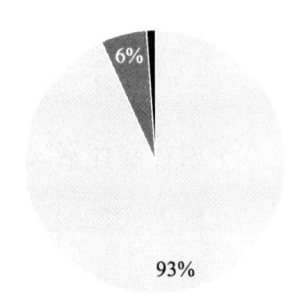

图8-1 学生对每天一节体育课的喜欢程度

教师在体育课堂中使用游戏等教学手段，激发并提升了学生的学习兴趣，能够让学生在体育课堂学练中更加积极投入，获得愉悦的运动体验，自主学习能力、感知体验能力等得到提升，继而使得学生的基本运动能力得以提升，为其独立开展并终身参与体育锻炼奠定基础。

二、体质健康水平

从国家2007年《中共中央国务院关于加强青少年体育增强青少年体质的意见》（简称为中央7号文件）颁布到2013年十八届三中全会中"强化体育课和课外锻炼，促进青少年身心健康、体魄强健"的决定；从《关于进一步加强学校体育工作的若干意见》（国办发〔2012〕53号）到《关于强化学校体育促进学生身心健康全面发展意见》（国办发〔2016〕27号）的出台，再到最新发布的《义务教育体育与健康课程标准（2022年版）》，其总目标指出通过体育与健康课程的学习，学生能掌握各种体能的学练方法、积极参与各种体能练

习,达到《国家学生体质健康标准（2014 年修订）》的相应要求。上述政策的发布和其中精神无不显示出党和国家对儿童青少年体质健康的热切关注和高度重视,提升学生体质健康水平依然是新时代学校体育的重要工作。

同样,学生的体质健康发展也是"小学体育兴趣化、初中体育多样化"课程改革的终极目标之一。根据第三方对试点学校 46 127 名学生开展的问卷调查来看,73%的学生都表示在学校开展体育课程改革后,身体变强壮了。从试点学校报告的学生体质监测数据来看,大部分学校达到了体质健康测试的优秀等级,连续三年的体质数据呈现整体上升态势,如图 8-2、图 8-3、图8-4、图 8-5 所示。上海市新时代小学 2017 年到 2019 年的学生体质健康综合评价及格率从 95.70%提升至 96.70%；青浦区华新小学 2017 年到 2019 年的学生体质健康综合评价优良率从 33.70%提升至 35.30%；奉贤区古华中学 2017 年学生体质健康综合评价及格率为 98.64%,2019 年则提升至99.16%；上海对外经贸大学附属实验学校 2017 年学生体质健康综合评价优良率为 45.21%,到 2019 年则提升至 62.23%,表明自成为试点学校以

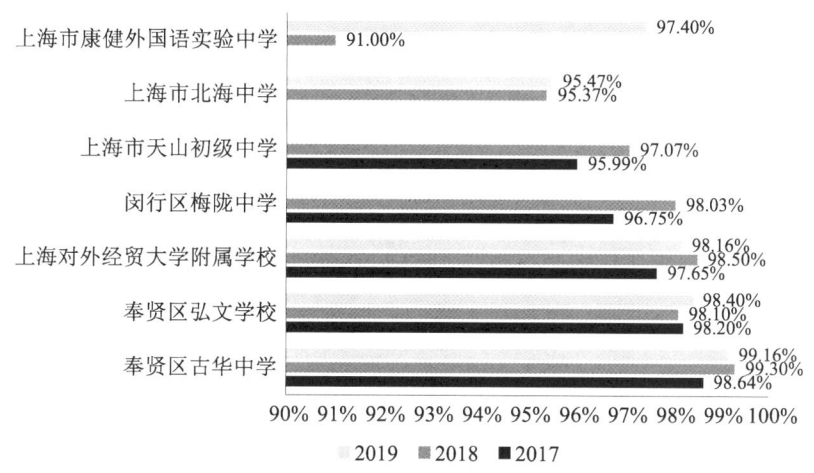

图 8-2 初中体育多样化试点学校连续三年体质测试及格率

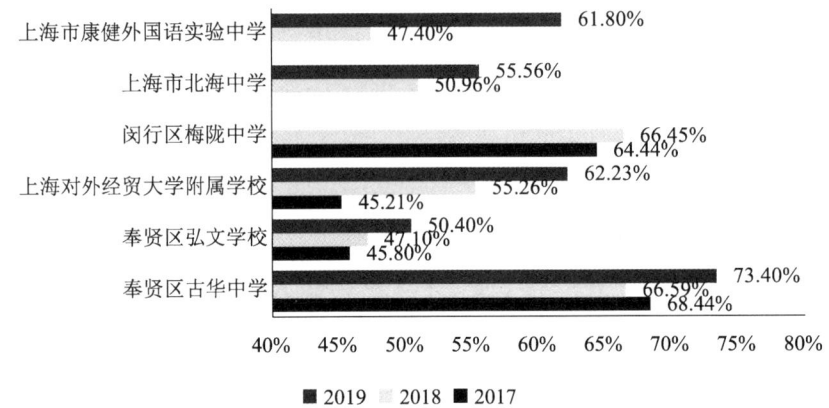

图 8-3 初中体育多样化试点学校连续三年体质测试优良率

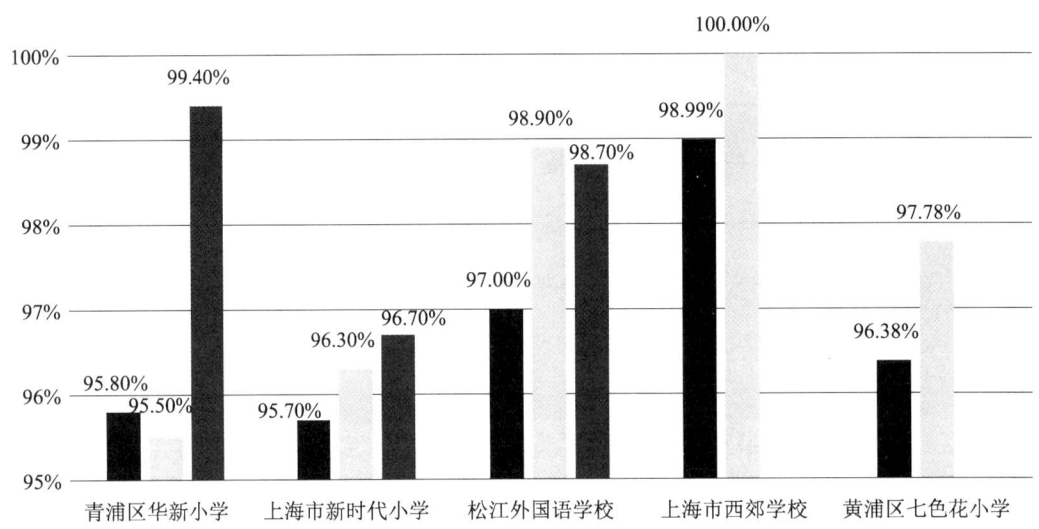

图 8-4 小学体育兴趣化试点学校连续三年体质测试及格率

来,这些学校学生的体质状况有明显改善。

值得注意的是,从试点学校学生体质健康数据变化来看,各试点学校间的优良率差异较大。小学优良率最高的学校是上海交大附属实验小学,优良率为 83.29%,最低的为青浦华新小学(35.30%);中学优良率最高的是奉贤区古华中学 73.40%,最低的是青浦东方中学

（33.70%），如表8-1所示。这表明就学生体质提升的工作来说，上海学校体育仍然任重而道远。

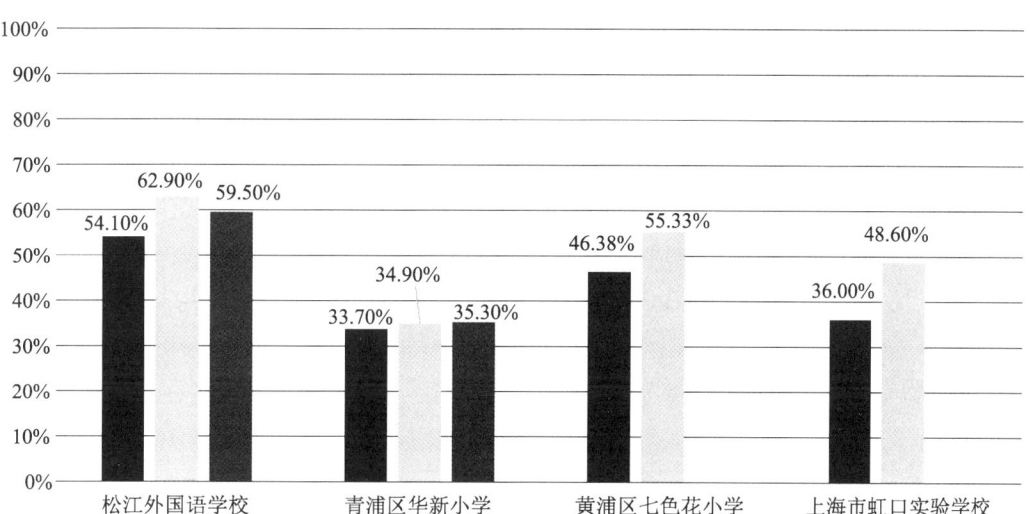

图8-5 小学体育兴趣化试点学校连续三年体质测试优良率

表8-1 部分试点中小学体质健康测试数据

学校	年度	优良率	及格率
奉贤区古华中学	2017	68.44%	98.64%
	2018	66.59%	99.30%
	2019	73.40%	99.16%
奉贤区弘文学校	2017	45.80%	98.20%
	2018	47.10%	98.10%
	2019	50.40%	98.40%
上海对外经贸大学附属学校	2017	45.21%	97.65%
	2018	55.26%	98.50%
	2019	62.23%	98.16%
闵行区梅陇中学	2017	64.44%	96.75%
	2018	66.45%	98.03%

（续表）

学校	年度	优良率	及格率
上海市天山初级中学	2017	—	95.99%
	2019	—	97.07%
青浦区东方中学	2017	33.70%	95.80%
上海市北海中学	2018	50.96%	95.37%
	2019	55.56%	95.47%
上海市康健外国语实验中学	2018	47.40%	91.00%
	2019	61.80%	97.40%
青浦区华新小学	2017	33.70%	95.80%
	2018	34.90%	95.50%
	2019	35.30%	99.40%
松江外国语学校	2017	54.10%	97.00%
	2018	62.90%	98.90%
	2019	59.50%	98.70%
黄浦区七色花小学	2018	46.38%	96.38%
	2019	55.33%	97.78%
上海市新时代小学	2017	—	95.70%
	2018	—	96.30%
	2019	—	96.70%
上海市虹口实验学校	2017	36.00%	—
	2019	48.60%	—
上海市西郊学校	2019	—	98.99%
	2020	—	100.00%
桃浦中心小学	2019	—	99.10%
徐汇区虹桥路小学	2019	48.19%	98.16%
上海交大附属实验小学	2019	83.29%	99.91%

第二节 学生健康行为层面

健康行为指的是学生增进身心健康和积极适应外部环境的综合表现，包括体育锻炼意识和习惯、健康知识和技能的掌握和运用、情绪调控、环境适应四个维度，是核心素养的重要组成部分。《义务教育体育与健康课程标准（2022版）》指出体育与健康的总目标之一就在于学会运用健康与安全的知识与技能，形成健康的生活方式。具体为通过体育与健康课程的学习，学生能够理解体育锻炼对健康的重要性，积极参加校内外体育锻炼，逐步形成体育锻炼意识和习惯；了解和体验体育活动对心理健康的积极影响，学会调控自己的情绪，积极应对挫折和失败，保持良好的心态；主动同他人交流与合作，逐步适应自然环境和社会环境，即让学生学会运用健康与安全的知识和技能，形成健康的生活方式，这与"小学体育兴趣化、初中体育多样化"课程改革理念基本一致。

"小学体育兴趣化、初中体育多样化"课程改革同样强调对中小学生良好体育锻炼习惯、自主锻炼能力以及健康生活方式的培养。在课程改革理念的引领下，部分上海市中小学试点学校在落实和推进"小学体育兴趣化、初中体育多样化"课程改革的过程中，关注学生的核心素养，重视学生锻炼习惯和健康生活方式的养成等，为终身体育锻炼这一终极目标的达成奠定基础。青浦区御澜湾小学以促进学生身心健康发展为目标，建设了家、校、社课内外一体化的体育课程，通过开发校本课程，引入优质课程，创设有趣巧妙的活动情境和游戏形式，组织引导学生在快乐的氛围中进行玩耍与练习，激发学生的运动兴趣，同时发动教师、家长来督促孩子完成每天体育作业打卡等活动,以此来帮助学生形成良好的运动习惯,养成健康的生活方式。青浦区华新小学同样十分关注学生自我锻炼意识和兴趣的培养,在小学生的体能训练教学方面,重视对其体能训练习惯的培养,同时体育教师也注重将体育活动和趣味游戏由课堂向学生生活的延伸,布置一些简便易行、富有乐趣的体育家庭作业,指导学生完成并记录,重在由教师指导向自主自觉转变,最终让学生养成终身体育锻炼的好习惯。

在课程改革理念的引领和第三方评估单位的长期督导下,试点学校的学生在健康行为方面有明显改善,依据第三方评估单位的问卷调查结果,45%的学生表示能与同学一起玩游戏了,35%的学生表示与父母一起锻炼身体的时间增加了。可见,"小学体育兴趣化、初中体育多样化"课程改革后,学生参与日常体育锻炼的时间增加了,能够积极主动地参与体育锻炼,并且能够与他人保持交往,保持融洽的人际关系,即"小学体育兴趣化、初中体育多样化"课程改革让学生在锻炼习惯、适应能力等健康行为方面有所改善。

第三节　学生体育品德层面

"小学体育兴趣化、初中体育多样化"课程改革的基本任务强调,要以学校体育课程改革为契机,全面更新传统体育教学理念,进一步树立新的课程观,把体育课作为立德树人的重要载体,以提升学生核心素养为重点。体育品德是体育与健康学科核心素养的重要组成部分,包含了体育精神、体育道德、体育品格等内容。《义务教育体育与健康课程标准(2022版)》指出,体育与健康课程的目标之一是通过体育与健康课程的学习,养成良好的体育品德,具体表现为当遇到困难或挑战自身身体极限的情况下，能够保障安全、克服困难、坚持到底，与同伴一起顽强拼搏；遵守体育游戏、展示或比赛规则，相互尊重，诚实守信，具有公平竞争的意识和行为；充满自信、乐于助人，承担不同角色并认真履行职责，正确对待成败；能够将体育运动中养成的良好体育品德迁移到日常学习和生活中。同样，上海市试点学校在"小学体育兴趣化、初中体育多样化"课程改革的落实和推进过程中，也重视对学生体育品德的培养。第三方评估单位针对试点学校46 127名学生的问卷调查结果显示，44%的学生表示自信心等方面得到了增强。

学生体育品德等素养的提升主要得益于试点学校对课程改革理念的深入理解以及在体育教学过程中的有效渗透和认真落实。部分试点学校将核心素养融入学校体育课程建设中，通过全新育人理念的引领，将学生体育品德纳入体育课程的培养目标之中，充分发挥了学校体育课程的育人价值。华新小学坚持"构建学校文化场、培育健全现代人"的办学理念，把"人的健康成长"作为教育原点，以小学体育兴趣化改革为契机，将体育课程改革纳入学校整体布局，通过丰富多样的体育活动和体育赛事，切实提高了学生的集体主义思想、团队意识和拼搏精神。徐汇区实验学校附属小学坚持"全面发展"的办学理念，落实"强身健体，坚持不懈，遵守规则，团结协作"会运动的育人目标，设计了"运动星"章，分别从强身健体、坚持不懈、遵守规则、团结协作四个维度对学生在体育课堂及活动中的表现给予全面的评价，通过争章的形式激发学生兴趣，激励学生参与锻炼，使得学生的规则意识和团结协作意识得到培养。部分试点学校还结合自身的办学特色，充分挖掘学校特色运动项目所蕴含的育人价值，培养学生的体育品德等素养。时代中学坚持时代中学排球特色教学，继续传承时代中学排球运动的吃苦精神、合作精神、拼搏精神、永不放弃精神，分年级、分层次地开展排球运动教学，让每一名学生学会排球运动技巧，有机会在球场上感受排球运动的精神，以此提升学生的拼搏意识和团队精神。

还有部分试点学校将体育品德培养落实到体育教学实践中，通过创设丰富的教学情境或创新教学形式等，发挥体育的育人功能，培养学生的核心素养。青浦区御澜湾小学在区教育局、教研室领导与专家的关怀帮助下，初步形成了"三乐三巧"教学实践的新思路，通过设计多变的教学环境（色彩、音乐、队形、场景等），选用多样的教学方法（讲解示范、问答讨论、纠错帮助、视听引导、探究发现等），给予挑战性的任务驱动（由易至难、由浅至深、鼓励挑战、唤醒激励等）等途径有效激发学生的乐趣，同时围绕"巧妙提问促乐思、多元评价促乐思、少教多学促乐思"引导学生开展自主探索、合作探索，通过以生教生、以生帮生的方式促进学生思维发展，使得学生的思维和探究能力、协作意识、迎难而上等品质得以培养和发展。东方中学在体育教学中注重增加团队学习、德育渗透、情景实践学习、班级对抗、师生对抗等，在比赛中让学生感受体育的激情、合作、凝聚、团结等，在国家重大赛事举办期间组织学生集体观看，以增强学生爱国热情和民族自豪感。市八初级中学八年级马双老师在"技巧组合动作"教学观摩课中，为学生安排了"前滚翻分腿起"动作的完整动作、慢放动作以及保护与帮助的视频，培养了学生学会观察、学会分析、学会学习，同时通过技巧组合动作的学练，让不同层次的学生在自身原有的基础上有所提高，培养了学生勇于克服困难、挑战自我、团结协作的良好品质。

第九章

学校体育课程改革评估发展趋势

教育要面向现代化、面向世界、面向未来,这是学校体育课程改革的重要指导思想。随着外部环境的变化和体育课程自身的发展,学校体育课程改革评估目的日趋多元、指标体系也不断完善,评估工作既要体现体育课程改革与时俱进的发展脉络,又要符合当前教育评估的最新理念。因此,未来学校体育课程改革评估的发展趋势将向多元评估标准融合转变、向周期性和常态性评估结合转变、向发展性、动态性评估转变,从而更好地体现评估的实效性,增强评估的有效性和对现实工作的指导性。

第一节 基于"双新"的学校体育课程改革评估

由国家主导的"双新"(新课程、新教材)教育改革,是一个系统化的改革举措。在"双新"要求下,体育课程改革在人才培养目标、教育教学理念、教育评价制度等方面都有一定的变化,体育课程改革评估也需要依据体育与健康"新课程、新教材"培养目标,遵循学校教学规律，制定相应指标体系和评估标准，通过系统收集信息，采用科学方法，对学校体育课程的教学质量、师资水平等，做出综合分析、研究、诊断，通过评估督导学校优化体育课程建设，引导教师推进体育教学改革，促进学生身心健康全面发展。

一、基于"双新"的学校体育课程领导力评估

基于"双新"的学校体育课程领导力是学校为实现体育教学目标、提升体育教育质量，在体育课程设计、开发、实施和评价等过程中，对体育课程活动相关人员进行引领和指导。

首先，评估学校体育课程规划和安排。《普通高中体育与健康课程标准（2017年版2020年修订）》《义务教育体育与健康课程标准（2022年版）》分别确立了全新的课程结构，相应的课程内容也进行了调整和优化。因此，领导力评估主要考察学校体育新课程理念与定位、新教材体育课程体系结构、开设的体育课程类别与数量、体育社团活动、体育节安排等。

其次，评估学校体育课程实施情况。主要考察学校根据体育课程计划，对体育课程进行有效落实的程度，包括学校体育课程师资配置、校本材料编制使用、教研组和备课组活动计划与开展、课堂教学对课程标准落实程度、体育场馆等专用场地器材配置等，以及教学常规等规章制度的建立与实施、对教师专业发展的支持等体育课程实施的配套保障举措。

最后，评估学校体育课程评价。主要考察学校的体育课程评价框架、评价手段和方法、评价结果的分析与应用等。

二、基于"双新"的体育教师专业能力评估

基于"双新"的体育教师专业能力是教师将对体育课程的认知与

教学实践相融合，有效开展体育课堂教学活动所必备的素质和相应的能力，主要包括教育教学理念、教学方式和学业评价能力等。

首先，评估体育教师的教学理念。这方面主要考察体育教师在"双新"要求下对体育教学的知识观、教学观、学生观，以及在此基础上形成的相对稳定的认知和观念。

其次，评估体育教师的教学方式。这方面主要考察体育教师为达成"双新"要求下的体育课程教学目标"教会、勤练、常赛"，在体育课堂教学过程中运用自主合作、探究学练、多元评价等方式的频率与程度。

最后，评估体育教师的学业评价能力。这方面主要考察"双新"要求下体育教师对体育课程教学效果的评判能力，对学生体育学业情况进行诊断的能力，以及在确定评价目标、设计评价工具、分析评价结果等方面的表现。

三、基于"双新"的学科核心素养目标达成评估

未来的体育课程改革评估将进一步考察高质量人才培养过程中课程作用的发挥情况，并强调和重视过程中的学科团队建设。体育与健康学科基于"健身育人"本质，在全面贯彻党的教育方针、落实立德树人根本任务、发展素质教育中具有独特贡献和作用。学科核心素养是体育课程改革的重要聚焦点，是学科育人价值的集中体现，是学生通过体育与健康学科学习后逐步形成的关键能力、必备品格与价值观念。运动能力、健康行为、体育品德三个方面的学科核心素养是体育健康课程改革的出发点和归宿。体育健康课程目标的发展，体现了课程从学科本位到以人为本的转变，引导教师全面看待学生的成长。

在具体的评估过程中，综合应用各种评估方法，并突出核心素养

目标达成的质性评价,基于"新课程、新教材",关注学生发展,强调跨学科的融合,在课程中融入学业质量标准,在一定情境下,围绕"运动能力、健康行为、体育品德"对学生群体的学业成就水平和教育质量进行定量评估和非定量评估,并在此基础上做出整体价值判断,监测学生学习效果和判断体育课程改革绩效。

如:义务教育体育与健康课程核心素养目标达成的评估,应围绕核心素养,对义务教育体育与健康课程目标,从是否立足义务教育阶段学生的身心特点,以"掌握与运用体能和运动技能提高运动能力;学会运用健康与安全的知识和技能,形成健康的生活方式;积极参与体育活动,养成良好的体育品德"为重点,依据各学段核心素养达成度,分四个水平对课程目标进行细化评估。

第二节 基于"数字化转型"的学校体育课程改革评估

《上海市全面推进城市数字化转型"十四五"规划》将推进数字化转型作为推动高质量发展、实现高效能治理的重要抓手,聚焦"数智赋能"的基础底座构建、"跨界融合"的数字经济跃升、"以人为本"的数字生活体验、"高效协同"的数字治理变革,探索符合时代特征、上海特色的数字化转型新路子和新经验。"数字化转型"对学校体育课程改革而言既是机遇也是挑战,亟须进一步探索体育课程改革评估新模式,构建多方协同评估格局。

一、建设体育课程改革评估"数字化转型"基础设施

构建体育课程改革信息互联、数据智能的"数字化转型"基础设

施建设，建立统一的体育课程改革信息、数据、技术和认证等标准，实现立体化、高效能的信息、数据归集，并在标准规范的指引下，推进体育课程改革数据治理。市、区、校管理者或教师可以根据各自权限和账号分级使用，服务不同层级体育课程改革评估需求。加快数字化校园的智慧教室建设，提升体育课程改革发展的动态监测能力，提升数据的时效性和准确性，强化精准趋势分析能力。鼓励信息化企业参与体育课程改革信息化生态系统建设，为体育课程改革评估提供建设、维护、安全管理等方面的支持，打造体育课程改革评估"数字化转型"发展新环境。

二、构建体现"数字化转型"特征的体育课程改革评估指标

"数字化转型"体育课程改革评估采用定性和定量相结合的系统化、层次化的多目标分层次方法进行指标设计、权重分配和得分模型设计。"数字化转型"体育课程改革评估各级指标和权重由体育学科专家、体育教育管理者和体育教师代表根据体育教育教学经验提出初步意见，并在深入调研的基础上，通过召开专家评审会和课题组研讨会等方式，对评估指标体系进行不断修正和完善。

构建"数字化转型"体育课程改革评估指标的步骤：首先，结合体育课程改革评估单位数字化转型情况，充分考虑评估指标的合理性、科学性和动态性等因素，将最合适的评估指标筛选出来，初步确定一级、二级和三级评估指标，构建初级评估指标体系。其次，综合运用层次分析法和专家评价法，基于定性和定量相结合原则，对拟评估对象进行科学分类，形成相应的多级评估层级，逐步修正并完善评估指标体系。同时，对于定性指标，采用数字统计方法进行量化转

化。对于不同指标重要程度，设置不同权重赋值合理区分。最后，在评估数据标准化的基础上，结合指标权重赋值，通过选定的评估方法开展评价并获得体育课程改革评估结果。

三、推进体育课程改革评估中"人工智能"等技术应用

运用人工智能技术，发挥体育课程改革评估结果导向、鉴定、诊断、调控和改进作用，开展数字化体育课程建设与改革组织领导与管理、数字化体育课程师资队伍建设、数字化体育课程教学管理、数字化体育课程教学成效、数字化课外体育活动比赛、数字化特色体育课程、数字化体育课程教学条件等评估，提升体育教育质量。

动态数据追踪学生体育素养得分与综合素质评价，不仅收集学生体质健康测试成绩、日常考核成绩等传统测评数据，还需要收集体育知识、体育意识、体育行为、体育技能等数据与信息，并做出智慧化研判，进行精准反馈。推进区块链技术和人工智能技术在体育课程改革评估中的运用，为学生提供个人体质健康诊断和运动处方智能推送等个性化体育教育。

第三节 走向未来的学校体育课程改革评估

教育现代化意味着更高的教育水平和更高的教育质量，学校体育课程改革评估应进一步与体育教育发展相协调，强化五育并举、立德树人的发展理念，进一步健全完善"教会、勤练、常赛"为一体的工作体系，从课程建设、教学过程、教学管理、教学效果、教学条件、师资队伍等方面着力，帮助学生在体育锻炼中享受乐趣、增强体质、

健全人格、锤炼意志，为培养德智体美劳全面发展的社会主义建设者和接班人、建设教育强国和体育强国作出新的贡献。

一、坚持"立德树人"作为体育课程改革评估导向

根据教育部印发的《关于全面深化课程改革落实立德树人根本任务的意见》（教基二〔2014〕4号）文件要求，充分认识到准确把握全面深化体育课程改革的总体要求，着力推进体育课程关键领域和主要环节改革，切实加强体育课程改革的组织保障，全面深化体育课程改革、落实立德树人根本任务的重要性和紧迫性。新时代体育课程改革评估对体育教育发展具有重要的导向作用，是推动体育课程改革、全面贯彻党的教育方针、全面实施"五育并举"、落实"立德树人"、推进教育公平的重要举措，对学校体育教学、师资队伍建设、学生专业成长都起着"风向标"作用。

因此，要坚持立德树人，建立针对学生核心素养发展的评估目标，科学设计评估指标，持续关注学生在运动能力、健康行为、体育品德等方面的培养成效，引导学校、教师树立正确的人才观、育人观、评价观。坚持多元综合评估，关注对学生品德发展、技能掌握、身心健康的评价，通过"改进结果评价，强化过程评价，探索增值评价，健全综合评价"，提高体育课程改革评估的科学性、系统性、协同性。坚持体育课程目标，教师对学生学练过程中独立思考和实践能力的培养，教师开展"教学方法改革"和"学生学法指导"的积极性，教师运用和开发课程资源的主动性，教师对过程评价、激励评价和生生互评等新评价方式的运用、对学校体育特色课程的开发与研究等方面进行全面评估，发挥体育课程改革评估的正面导向作用，服务学生的全面发展。

二、提升"教育质量"作为体育课程改革评估核心

《中国教育现代化2035》提出推进教育现代化的八大基本理念：更加注重以德为先，更加注重全面发展，更加注重面向人人，更加注重终身学习，更加注重因材施教，更加注重知行合一，更加注重融合发展，更加注重共建共享。学校体育课程改革评估要树立教育现代化的理念，以教育质量为核心，以专业服务为导向，从课程建设、教学过程、教学管理、教学效果、教学条件、师资队伍等方面，构建以教育质量为核心的学校体育课程改革评估体系，努力推动体育教育发展质量。

（一）以"学业质量"作为评估聚焦的核心

教育质量是学校体育教育的生命线，而提高体育教育质量的落脚点是制定科学的学业质量标准，为体育课程教学提供正确的导向，促进学生核心素养的达成。

《普通高中体育与健康课程标准（2017年版2020年修订）》和《义务教育体育与健康课程标准（2022年版）》指出，学业质量是学生在完成体育与健康学科课程学习后的学业成就表现。学业质量标准是以体育与健康学科核心素养及其表现水平为主要维度，结合课程内容对学生学业成就表现的总体刻画，依据不同水平，学业成就表现的关键特征，明确将学业质量划分为不同水平，并描述了不同水平学习结果的具体表现。学业质量标准有助于明确不同水平阶段学生应达到的学业水平，有利于教育主管部门对各级各类学校学生进行体育与健康学业质量的监测和学校督导评估，加强体育课程教学质量的管理，促进学生体育与健康学科核心素养的形成。

因此，以"学业质量"作为评估聚焦的核心，结合具体的教学内

容，评估学生运动能力的发展、健康行为的形成、体育品德的养成等核心素养的发展水平，并依据评价目的、评价内容、评价主体、评价情境等实际情况，注重将过程性评价与终结性评价、定性评价与定量评价、相对性评价与绝对性评价、教师评价与学生评价相结合，加强运用现代信息技术开展实时和精准评价，积极探索增值评价，健全综合评价。充分发挥评价的反馈、导向、激励和改进功能，及时将评价结果反馈给学生，帮助学生改进学习，落实"为了每一个学生发展"的体育与健康课程理念，有效促进学生的成长与发展。而通过系统收集学生的课内体育学习态度与表现、课外体育锻炼情况与成效、健康行为等信息，依据学业质量对所反映的核心素养水平及学生的体育与健康课程学习情况进行判断和评估，也是不断完善课程建设的重要环节和途径。

（二）以"师资队伍"作为评估诊断的重点

体育师资队伍整体水平的高低一定程度上决定着体育课程改革质量的高低，因此，评估学校体育师资队伍是否具有较新教学理念、较高科研水平、较强专项教学能力，是体育课程改革成功与否的重要衡量指标。通过评估学校体育师资队伍的年龄梯队、职称结构、学历结构是否合理，教学内容、教学过程、教学方法、教学模式、教学评价是否有效，促进学校体育师资队伍建设，提高师资队伍质量，加快体育课程改革步伐，为体育课程改革提供保障。在全面实施新课程、使用新教材时期，推动达成"小学体育兴趣化、初中体育多样化、高中体育专项化"要求，建设体育课程改革发展所需的"专业运动技能＋健康知识＋信息技术"等多元化的师资队伍。

师资队伍的评估需要以定性与定量相结合的可测量、可观察、可操作的评估方法，根据体育教学实际和教师的发展进行动态评估。引导体育教师从运动能力、健康行为、体育品德等角度全方位看待学生的成长，突破以分数论成败的传统评价方式，全面考察学生身心发展状况，既关注学生运动技能的学练结果，又关注学生在健康教育、体能、运动技能、跨学科主题学习过程中的体验；既关注学生在运动技能学练赛评中的学习表现，又关注学生经历学习后的进步状况。并通过评估提供有益的反馈信息，帮助体育教师从"教学→检测→分析→改进"的教学循环机制中保持自身优势、反思自身不足、激发内在潜能、提升教学能力，促进体育教师专业素养的发展，保障体育课程改革的教育质量。

(三) 以"内外融合"作为评估实施的保障

评估要以外部质量保障措施服务学校内部质量为主线，融合学校内部评估实施迅速省力、评估结果可靠、整改措施可立即执行，外部评估高度独立、专业性较强、有利于推动体育课程改革等特点，充分发挥内外质量保障机制各自的优势和特长，内外密切配合，有效地保障体育教育的质量。

评估的重心应放在学校内部体育教育质量保障的过程和运动技能教学质量的管理过程，把评估的焦点放在体育教师的日常教学活动和及体育教育教学质量的建设过程，注重帮助学校和一线教师基于学生需求，及时调整教学目标和方法，以保证学生核心素养培养质量。要基于学生学习过程的监测与管理，注重以学练参与和体验为重要内容，关注学生体育与健康学习过程，改进体育教学管理，强化对学生健康知识、体能、专项运动技能的学习、支持和指导服务，改善运动场地、器材等学练条件，保证学生的学练成效。开展学生访谈、调查，关注学生学练过程中的情况和师生满意度，按照评估调查的结果及时调整体育与健康教育的教学方案，提高体育教育质量。

评估指标及标准的设计要注重以改进学生运动技能的学练成效为目标，通过考察体育教育质量保障活动及过程的有效性、学习目标的达成度和学生、家长的满意度等来把控体育课程改革的质量。

评估实施过程中，应采用定量评价与定性评价相结合，增值性评价与综合性评价相结合的"内外融合"评估，逐渐建立教育评估部门主导、社会组织和专业机构等共同参与的外部评价机制，发挥各方面的作用保障体育课程改革评估品质，如图9-1所示。

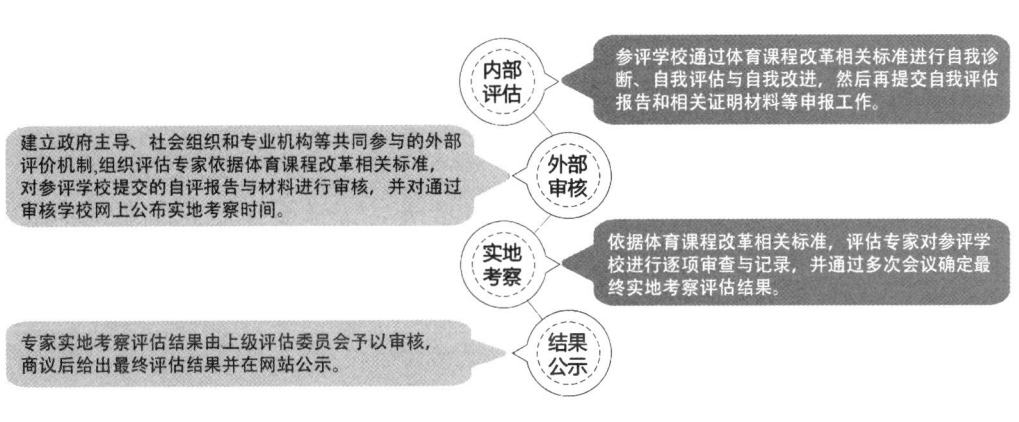

图 9-1 评估实施过程

三、形成"多方联动"协同推进体育课程改革评估

在体育课程改革评估实施过程中注重"多方联动"协同推进，一方面整合体育与教育行政、体育教育专业、体育融媒体等方面资源，建立由市教委职能处、市学生体质健康监测中心等跨部门评估指标实施小组，负责学生体质健康测试、运动技能测试、数据处理、质量分析、督导评估、宣传引导等事项，保障评估系统的有序运行；另一方面加强体育课程评价改革与学生综合素质评价中《国家学生体质健康标准》测试综合得分及各维度发展趋势图、运动经历与水平等协同配

套,不给学校增加过多的评价与考试负担,坚持体育课程、教学、评价、考试的一致性。

在顺应国家和上海教育改革新形势的基础上,协同"学业质量绿色指标测试",基于学生学业水平指数、学生学习动力指数、师生关系指数、教师教学方式指数、校长课程领导力指数、学生学业成绩指数、学生品德与社会化行为指数、学生体质健康指数、跨年度进步指数等"绿色指标",组织学生开展体育学业水平测试,为各级教育行政部门、教研部门和学校了解学生体育学业质量的基本状况和重要影响因素提供实证依据,为教育决策提供重要参考,为提升学生学业质量提供诊断和改进建议。

"多方联动"协同推进过程中还需要市、区、校的协同配合,共同完成评估数据的收集。市教委职能处、市学生体质健康监测中心等跨部门组成的评估指标实施小组对区、校上报的体育课程教学质量、师资水平、教学条件等,做出综合分析、研究、诊断。在体育课程改进阶段,形成市、区、校联动的协同研究格局,鼓励区、校开展区本化、校本化体育课程研究和教学实践,推动建立区域特色的评价改革和以校为本的体育教育质量保障体系。

四、促进"良性循环"优化体育课程改革评估环境

随着体育课程改革的不断深入,如何营造良好的体育课程改革评估环境,实现学生身心健康和谐发展,是教育部门、学校、教师、家长的共同愿望。

未来的体育课程改革评估,体育教育管理者不能仅依靠体育测试分数来判定教学质量,必须以专业评估科学洞察教学质量内涵;不能仅依靠体育教学管理经验作决策,必须以专业评估学校领导基于实证

的决策能力和体育教师的专业素养；不能过多干预体育教育教学的微观管理，必须以专业评估对体育教学质量进行全面考量和发展性评价。

未来的体育课程改革评估，应创设"良性循环"的评估环境，注重评估目标的共同建构、评估过程的共同参与和评估结果的共同协商，努力探寻完善体育课程改革评估的可行路径，使学校和体育教师建立新的认知，明确评估是为了给学校和教师提供即时、多元的有效反馈，帮助其判断体育课程目标的达成度，发现体育课程教学实施过程中出现的问题。通过评估反馈的信息，有针对性地改进完善，真正达成以评促建、以评促改、以评促管的成效。通过评估促进不同类型学校的体育课程定位与目标，引导学校体育课程自主发展、特色发展、创新发展，从而为落实立德树人根本任务、全面深化体育课程改革提供支撑。

参考文献

[1] 陈主立. 切实加强学校体育工作促进广大青少年全面健康成长——在全国学校体育工作会议上的讲话［J］. 人民教育，2007（3）：4.

[2] 上海市教育委员会. 上海市中小学体育与健身课程标准（试行稿）［M］. 上海：上海教育出版社，2004.

[3] 张道通，杨春卉. 中外学校体育发展史探析［J］. 当代体育科技，2020，10（36）：203-206.

[4] 李林，杨彬. 对我国学校体育发展历史的回顾与反思［J］. 体育学刊，2002（04）：130-132.

[5] 谭华. 体育史［M］. 北京：高等教育出版社，2005.

[6] 洪煜亮. 教育督导及教育督导评估［M］. 北京：北京师范学院出版社，1993.

[7] 邢文华. 体育测量与评估［M］. 北京：北京体育学院出版社，1985.

[8] 候光文. 教育评价概论［M］. 河北：河北教育出版社，1996.

[9] 陈玉琨. 教育评估的理论与技术［M］. 广东：广东高等教育出版社，1987.

[10] 王致和. 高等学校教育评估［M］. 北京：北京师范大学出版社，1994.

[11] 张玉田. 学校教育评价［M］. 北京：中央民族学院出版社，1987.

[12] 姚蕾，杨铁黎. 中小学体育教学评价的基本理论与实践［M］. 北京：北京体育大学出版社，2004.

［13］陈玉琨. 课程改革与课程评价［M］. 北京：教育科学出版社，2001.

［14］沈建华. 操场风雨历程60年——上海学校体育回顾与展望［M］. 上海：华东理工大学出版社，2009.

［15］陶西平. 教育评价辞典［M］. 北京：北京师范大学出版社，1998.

［16］国务院常务会议. 国家中长期教育改革和发展规划纲要（2010—2020年）［Z］. 2012.

［17］教育部关于深入推进教育管办评分离，促进政府职能转变的若干意见［Z］. 2015.

［18］霍军，陈俊. 学校体育第三方督导评估的内涵、功能及原则［J］. 体育科技，2021，42（3）：128-130.

［19］王征，蒋笑莉. 关于在专业学位研究生教育中开展第三方评估的探讨［J］. 中国高教研究，2010（9）：47.

［20］刘臻. 融合信息技术，完善评估方法，改善评估效能［J］. 中国高等教育，2019（18）：44.

［21］朱淑华. 国内高等教育评估中介机构研究现状述评［J］. 现代教育科学，2009（7）：7-10.

［22］唐士奇. 国家与社会的关系——社会主义国家的理论与实践比较研究［M］. 北京：北京大学出版社，1998.

［23］姚建宗. 法理学：一般法律科学［M］. 北京：中国政法大学出版社，2006.

［24］刘培俊. 以教育督导制度为保障，系统推进学校体育政策价值目标实现［J］. 中国学校体育，2017（5）：6-9.

［25］徐双敏. 政府绩效管理中的"第三方评估"模式及其完善［J］. 中国行政管理，2011（1）：28-32.

［26］林中月. 大学生核心素养体系构建研究［D］. 江苏：江苏大学，2017.

［27］王阳，陈林杰. 我国学生核心素养的研究进展：进程、热点及趋势——基于CNKI数据库4055篇文献的知识图谱分析［J］. 贵州师范学院学

报，2019，35（11）：55-62.

[28] 杨同春，邹旭铝. 核心素养背景下的中小学体育健康教育内容分析［J］. 体育教学，2018，38（04）：14-16.

[29] 钟启泉. 单元设计：撬动课堂转型的一个支点［J］. 教育发展研究，2015，35（24）：1-5.

[30] 文汇报. 官宣！中小学生年运动时间不少于365小时，让体育运动和艺术修养成为学生成长的"主食"［EB/OL］.（2020-01-21）［2022-08-11］. https：//wenhui. whb. cn/third/baidu/202001/21/316235. html.

[31] 上海市教育委员会. 关于印发《上海市"小学体育兴趣化、初中体育多样化"课程改革指导意见（试行）》的通知［EB/OL］.（2018-07-16）［2022-08-11］. http：//edu. sh. gov. cn/xxgk2_zdgz_qtjy_01/20201015/v2-0015-gw_415082018005. html.

[32] 汤林春. 全面深化教育综合改革，率先实现基础教育现化［EB/OL］.（2020-12-23）［2022-08-11］. https：//wenhui. whb. cn/third/baidu/202012/23/385128. html.

[33] 上海教育. 上海市中小学生体育工作管理办法［Z］. 2020.

[34] 张源. 中国地质大学（北京）院系课外体育活动考评指标体系的研究［D］. 北京：北京体育大学，2012.

[35] 沈建华，马瑞，卢伯春. 海派学校体育文化形成、特征与传承［J］. 体育科研，2013，34（04）：82-86.

[36] 孙海波，谭翠英，贾玉杰. 课改背景下对学生"主动参与"的再认识［J］. 教育探索，2006（09）：13-14.

[37] 贾嘉琳. 中学生课外体育活动满意度与忠诚度的影响因素分析［D］. 山西：山西师范大学，2017.

[38] 潘露. 教师教学个性缺失的原因探微及理想出路［J］. 教育学术刊，2011（04）：65-67.

[39] 王四其. 互联网在中小学体育教学中的应用研究［D］. 广东：广州体育

学院，2017.

[40] 陈秀云，周新业. 全国普通高校体育教师评价体系研究 [J]. 广州体育学院学报，2010，30（03）：96-100.

[41] 王春枝，斯琴. 德尔菲法中的数据统计处理方法及其应用研究 [J]. 内蒙古财经学院学报（综合版），2011，9（04）：92-96.

[42] Gass S I，Fu M C. Encyclopedia of Operations Research and Management Science [M]. Kluwer Academic Publishers，2015.

[43] 张守航，李四军. 高校教务管理系统信息化研究与应用 [J]. 信息技术与信息化，2020（10）：193-195.

[44] 李义，鄢雪梅. 浅析构建基于 net 平台的高等教育监测评估信息系统 [J]. 电子技术与软件工程，2016（12）：77-78.

[45] 袁强. 第三方评估运行机制与实践规制的理想建构 [J]. 中国教育学刊，2016（11）：34-35.

[46] 苟丽萍. 多措并举推进家校共育 [J]. 课程教材教学研究（教育研究），2020，（Z5）：94-96.

[47] 上海市教育委员会基础教育质量监测中心. 2018 年度上海市初中学业质量绿色指标基础数据报告 [R]. 上海. 2019.

[48] 中华人民共和国教育部. 义务教育体育与健康课程标准（2022 年版）[S]. 北京：人民教育出版社，2022.4.

[49] 中华人民共和国教育部. 普通高中体育与健康课程标准 [M]. 北京：人民教育出版社，2020.7.

[50] 宗爱东. 教育评价的症结及出路 [J]. 探索与争鸣，2022（4）：8.

[51] 何国军. 数字化转型升级进展评估指标体系构建 [J]. 中国出版，2019（20）：4.

[52] 袁益民. 教育评估改革：以教育质量为核心，以专业服务为导向 [J]. 大学：研究，2014（1）：17-20.